머리말

NCS(국가직[illegible] 수행하기 위해 요구되는 능력을 [illegible] 것으로 2015년부터 공공기관을 중심으로 본격적으로 실시되었습니다. NCS는 2016년 이후 산하기관을 포함한 약 600여 개의 공공기관으로 확대 실시되고, 이중 필기시험은 직업기초능력을 평가합니다.

NCS는 기존의 스펙위주의 채용과정을 줄이고자 실제로 직무에 필요한 능력을 위주로 평가하여 인재를 채용하겠다는 국가적 방침입니다. 기존의 공사 · 공단 등의 적성검사는 NCS 취지가 반영된 형태로 변하고 있기 때문에 변화하는 양상에 맞추어 시험을 준비해야 합니다.

필기시험의 내용으로 대체되는 직업기초능력은 총 10개 과목으로 출제기관마다 이 중에서 대략 5~6개의 과목을 선택하고 시험을 치르며 주로 의사소통능력, 수리능력, 문제해결능력을 선택합니다.

본서는 공사 · 공단 대비 수험서로, 직업기초능력을 NCS 공식 홈페이지의 자료로 연구하여 필요한 이론을 요약 정리하여 수록하였고, 실전 모의고사를 통해 학습자의 실력을 스스로 확인해 볼 수 있게 준비하였습니다.

예비 공사 · 공단인들에게 아름다운 합격이 함께하길 기원하겠습니다.

타임 NCS 연구소

1 NCS(기초직업능력평가)란 무엇인가?

1. 표준의 개념

국가직무능력표준(NCS.national competency standards)은 산업현장에서 직무를 수행하기 위해 요구되는 지식 · 기술 소양 등의 내용을 국가가 체계화한 것으로 산업현장의 직무를 성공적으로 수행하기 위해 필요한 능력(지식, 기술, 태도)을 국가적 차원에서 표준화한 것을 의미합니다.

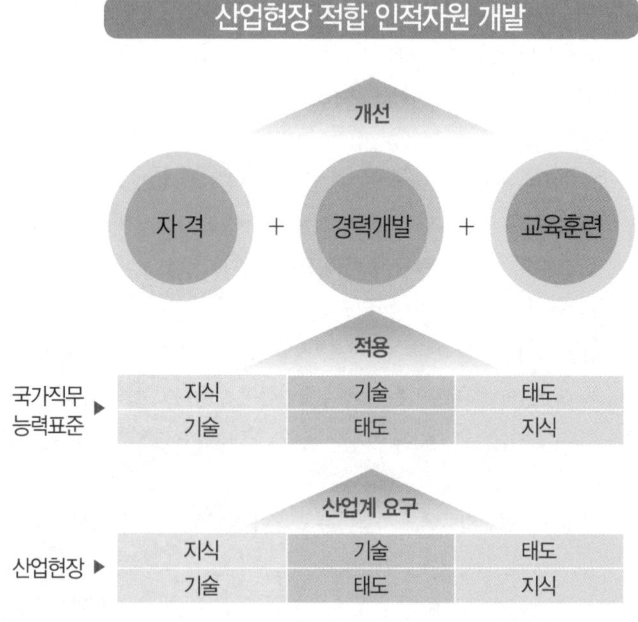

〈국가직무능력표준 개념도〉

3일 벼락치기 NCS 시리즈는?

스펙 쌓기 경쟁은 과열되고 취업의 벽은 점점 높아지는데…

NCS까지 대비하기에는 시간이 턱없이 부족하시죠?

그래서 시스컴이 야심차게 준비한

NCS 3일 벼락치기 시리즈!

태블릿 PC나 좀 큰 스마트폰과 유사한 그립감을 주는

작은 크기와 **얇은 두께**로 휴대성을 살렸지만

꽉 찬 구성으로, **효율성은 UP↑ 공부 시간은 DOWN↓**

3일의 투자로 최고의 결과를 노리는

3일 벼락치기 NCS 직업기초능력평가 6권 시리즈

간편하게
꺼내 푸는
내 손안의 NCS
직업기초능력평가
3일
벼락치기
NCS 직업기초능력평가
한국가스공사
근로복지공단
우리은행
KB 국민은행
LH 한국토지주택공사
한국전력공사
시스컴
SISCOM
www.siscom.co.kr

NCS 직업기초능력평가

3일 벼락치기

타임 NCS 연구소

LH 한국토지주택공사

3일 벼락치기

LH 한국토지주택공사

인쇄일 2020년 8월 1일 2판 1쇄 인쇄
발행일 2020년 8월 5일 2판 1쇄 발행
등 록 제17-269호
판 권 시스컴2020

발행처 시스컴 출판사
발행인 송인식
지은이 타임 NCS 연구소

ISBN 979-11-6215-520-2 13320
정 가 10,000원

주소 서울시 양천구 목동동로 233-1, 1007호(목동, 드림타워) | **홈페이지** www.siscom.co.kr
E-mail master@siscom.co.kr | **전화** 02)866-9311 | **Fax** 02)866-9312

2. 표준의 특성

| 한 사람의 근로자가 해당 직업 내에서 소관 업무를 성공적으로 수행하기 위하여 요구되는 실제적인 수행 능력을 의미합니다.

- 직무수행능력 평가를 위한 최종 결과의 내용 반영
- 최종 결과는 '무엇을 하여야 한다' 보다는 '무엇을 할 수 있다'는 형식으로 제시

| 해당 직무를 수행하기 위한 모든 종류의 수행능력을 포괄하여 제시합니다.

- **직업능력** : 특정업무를 수행하기 위해 요구되는 능력
- **직업관리 능력** : 다양한 다른 직업을 계획하고 조직화하는 능력
- **돌발상황 대처능력** : 일상적인 업무가 마비되거나 예상치 못한 일이 발생했을 때 대처하는 능력
- **미래지향적 능력** : 해당 산업관련 기술적 및 환경적 변화를 예측하여 상황에 대처하는 능력

| 모듈(Module)형태의 구성

- 한 직업 내에서 근로자가 수행하는 개별 역할인 직무능력을 능력단위(unit)화하여 개발
- 국가직무능력표준은 여러 개의 능력단위 집합으로 구성

| 산업계 단체가 주도적으로 참여하여 개발

- 해당분야 산업별인적자원개발협의체(SC), 관련 단체 등이 참여하여 국가직무능력표준 개발

- 산업현장에서 우수한 성과를 내고 있는 근로자 또는 전문가가 국가직무능력표준 개발 단계마다 참여

3. 표준의 활용 영역

- 국가직무능력표준은 산업현장의 직무수요를 체계적으로 분석하여 제시함으로써 '일-교육 · 훈련-자격'을 연결하는 고리 즉 인적자원개발의 핵심 토대로 기능

〈국가직무능력표준의 기능〉

- 국가직무능력표준은 교육훈련기관의 교육훈련과정, 직업능력개발 훈련기준 및 교재 개발 등에 활용되어 산업수요 맞춤형 인력양성에 기여합니다. 또한, 근로자를 대상으로 경력개발, 경로개발, 직무기술서, 채용 · 배치 · 승진 체크리스트, 자가진단도구로 활용 가능합니다.
- 한국산업인력공단에서는 국가직무능력표준을 활용하여 교육훈련과정, 훈련기준, 자격종목 설계, 출제기준 등 제 · 개정 시 활용합니다.
- 한국직업능력개발원에서는 국가직무능력표준을 활용하여 전문대학 및 마이스터고 · 특성화고 교과과정을 개편합니다.

2 NCS 구성

능력단위

- 직무는 국가직무능력표준 분류체계의 세분류를 의미하고, 원칙상 세분류 단위에서 표준이 개발됩니다.
- 능력단위는 국가직무능력표준 분류체계의 하위단위로서 국가직무능력표준의 기본 구성요소에 해당됩니다.

〈국가직무능력표준 능력단위 구성〉

- 능력단위는 능력단위분류번호, 능력단위정의, 능력단위요소(수행준거, 지식 · 기술 · 태도), 적용범위 및 작업상황, 평가지침, 직업기초능력으로 구성

구성항목	내 용
1. 능력단위 분류번호 (Competency unit code)	– 능력단위를 구분하기 위하여 부여되는 일련번호로서 14자리로 표현
2. 능력단위명칭 (Competency unit title)	– 능력단위의 명칭을 기입한 것
3. 능력단위정의 (Competency unit description)	– 능력단위의 목적, 업무수행 및 활용범위를 개략적으로 기술
4. 능력단위요소 (Competency unit element)	– 능력단위를 구성하는 중요한 핵심 하위능력을 기술
5. 수행준거 (Performance criteria)	– 능력단위요소별로 성취여부를 판단하기 위하여 개인이 도달해야 하는 수행의 기준을 제시
6. 지식 · 기술 · 태도 (KSA)	– 능력단위요소를 수행하는 데 필요한 지식 · 기술 · 태도
7. 적용범위 및 작업상황 (Range of variable)	– 능력단위를 수행하는 데 있어 관련되는 범위와 물리적 혹은 환경적 조건 – 능력단위를 수행하는 데 있어 관련되는 자료, 서류, 장비, 도구, 재료
8. 평가지침 (Guide of assessment)	– 능력단위의 성취여부를 평가하는 방법과 평가 시 고려되어야 할 사항
9. 직업기초능력 (Key competency)	– 능력단위별로 업무 수행을 위해 기본적으로 갖추어야 할 직업능력

핵심이론

NCS 직업기초능력평가를 준비하기 위해 각 기업이 선택한 영역에 대한 핵심이론을 요약하여 수록하였다.

한국토지주택공사(LH) 직업기초능력평가

의사소통능력

1. 의사소통능력

(1) 의사소통 능력이란?

① 두 사람 또는 그 이상의 사람들 사이에서 일어나는 의사 전달 및 상호 교류를 의미하며, 어떤 개인 또는 집단에게 정보 · 감정 · 사상 · 의견 등을 전달하고 받아들이는 과정을 의미 한다.

② 한사람이 일방적으로 상대방에게 메시지를 전달하는 과정이 아니라

기출유형문제

최신 출제 경향을 최대 반영한 실전모의고사 형태의 대표유형 문제들을 수록하여 학습을 마무리한 후 최종점검을 할 수 있도록 하였다.

한국토지주택공사(LH) 직업기초능력평가

문항수	시험시간
70문항	70분

의사소통능력

01 다음의 기사에 대한 설명으로 적절하지 않은 것은?

한국토지주택공사(LH)는 18일 행정중심복합도시 내 스마트시티 체험존에 시범 도입할 '시민체감형 스마트 서비스'를 공모한다고 밝혔다.

LH는 이번 공모를 통해 스마트시티 기술을 보유한 전문기업에 행복도시 스마트시티 체험존을 테스트베드로 제공하고 서비스를 구현해 시민들이 스마트시티를 직접 체험해 볼 수 있도록 할 계획이다. 공모 대상은 시민체감형 스마트 서비스로 즉시 구현이 가능한 제품군이다.

정답 및 해설

이론을 따로 참고하지 않아도 명쾌하게 이해할 수 있도록 상세한 설명과 오답해설을 함께 수록하여 학습한 내용을 체크하고 시험에 완벽히 대비할 수 있도록 하였다.

③ 2010년 A 성씨의 동 지역 인구는 1980년 A 성씨의 면 지역 인구의 10배 이상이다.

④ 2010년 A 성씨의 전체 가구는 1980년의 3배 이하이다.

⑤ 광역자치단체 중 1980년 대비 2010년의 A 성씨 인구 증가폭은 서울이 가장 크다.

〈표2〉에서 알 수 있듯이 2010년 A 성씨의 동 지역 인구는 556명이며, 1980년 A 성씨의 면 지역 인구는 56명이다. 따라서 2010년 A 성씨의 동 지역 인구는 1980년 A 성씨의 면 지역 인구의 10배 이하가 된다.

① 1980년 A 성씨의 인구가 부산(12명)보다 많은 광역자치단체는 서울(122명), 인천(40명), 경기(124명) 3곳뿐이다.

② 〈표1〉에서 2010년 경기의 A 성씨 가구는 64가구가 되며, 1980년 경기의 A 성씨 가구는 31가구가 된다. 따라서 2010년 경기의 A 성씨 가구는 1980년의 2배 이상이 된다.

④ 2010년의 A 성씨 전체 가구는 228가구이며, 1980년의 A 성씨 전체 가구는 80가구이므로, 2010년 A 성씨의 전체 가구는 1980년의 3배 이하가 된다.

⑤ 서울의 경우 1980년 대비 2010년의 A 성씨 인구 증가폭은 '61명'인데, 경기의 인구 증가폭은 '92명'이 된다. 따라서 서울보다 인천의 인구 증가폭이 더 크다.

차 례

1 지원자격

열린채용 : 학력, 전공 연령 및 성별 등 제한없음(기술업무와 전문업무는 지원자격을 모두 충족하는 경우에 지원이 가능하고, 공사 업무직 채용 결격사유에 해당되지 않아야 함)

* 남자의 경우, 병역필 또는 면제자

2 전형절차

서류전형(입사지원서, 자기소개서 적성검사) – 필기전형(직무능력검사 2~10배수) – 면접전형(인성검사 및 AI면접, 직무기초역량 및 인성 검증면접) – 신체검사 결과, 신원조사 등 확인 후 임용

3 전형별 세부내용

1) **서류전형** : 입사지원서 및 자기소개서 적격심사(중복지원자 및 지원서 불성실 작성의 경우에는 부적격 탈락)

2) **필기전형** : 총 50문항, 필기시험 점수에 가산점을 합산한 총점의 고득점자 순으로 모집분야별 선발인원의 2배수(실기전형 직무 제외) 선정

   * 모집분야별 최종 선발인원이 1명인 경우 5배수, 2명은 4배수, 3~8명은 2.5배수 선정

3) **면접전형** : 직무기초역량 및 인성검증 등 종합면접

   * 합격자선정 : 면접점수에 가산점을 합산한 총점의 고득점자 순으로 모집분야별 선발인원의 1배수 선정

4) 임용 : 합격자에 한하여 신체검사 및 신원조회 후 임용

* 임용 후 수습기간(3개월) 중 수습근무 평가결과 부적격자에 대해서는 근로계약 해지할 수 있음

4 우대사항

- 우대사항 : 전형별 가산점 부여
- 특별우대 : 취업지원대상자 등에게 전형단계별 5~10% 가산점 부여

  * 모집분야별 선발인원이 3명 이하일 경우는 관련법령 등에 의거 특별우대 가산점은 부여하지 않음
- 일반우대 : 자격증 소지자에게 전형단계별 2~10% 가산점 부여

5 기타사항

1) 블라인드 채용에 따라 입사지원서 작성시 지원자격, 가산점 등과 관련한 증빙서류 등은 철저히 확인하고 정확히 작성하시기 바라며, 입력오류 등에 따른 입사취소 등의 불이익에 대한 모든 책임은 지원자 본인에게 있습니다.

2) 시험장소, 시험내용, 감독관/면접관 등에 대해 사진촬영 · 화면캡처, 녹음 · 녹화 등으로 대외공개할 경우 손해배상 청구 등 불이익을 받을 수 있으므로 유의하시기 바랍니다.

3) 인터넷 입사지원서 접수시 작성요령을 반드시 숙지하고 지원서 제출전 각종 기재사항을 정확히 확인하여 오기재 또는 미기재로 인한 불이익이 없도록 작성에 신중을 기하시기 바랍니다.

4) 서류전형은 적격자에 한하여 필기전형 응시기회를 부여하며, 채용공고에 명시된 지원자격 미달 또는 자기소개서를 불성실하게 작성하는 경우(동일 내용 반복, 무의미문자 나열 등) 필기전형 응시기회를 제한할 수 있습니다.

5) 각종 증빙서류는 관계기관에 사실여부 확인 예정이며, 모든 지원자는 조회에 필요한 개인 정보제공에 동의한 것으로 간주합니다.

6) 입사지원서 상의 허위기재 또는 기재착오, 구비서류 미제출 등으로 인한 불이익은 응시자 본인에게 책임이 있습니다.

7) 응시 희망자는 근무조건 등이 적합한지를 우선 판단하여 신청하시기 바라며, 입사지원서 접수시 기재한 사항은 수정할 수 없습니다.

8) 입사지원서나 각종 증명서의 기재내용이 사실과 다를 경우 합격을 취소할 수 있습니다.

9) 본 채용공고는 공사 사정에 의하여 사전 공지 후 변경될 수 있습니다.

10) 응시인원이 모집인원과 같거나 미달하더라도 적격자가 없는 경우 선발하지 않을 수 있습니다.

※ 자세한 사항은 당사 홈페이지를 참조하시기 바랍니다.

한국토지주택공사(LH) 직업기초능력평가

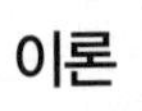

한국토지주택공사(LH) 직업기초능력평가

의사소통능력

1. 의사소통능력

(1) 의사소통 능력이란?

① 두 사람 또는 그 이상의 사람들 사이에서 일어나는 의사 전달 및 상호 교류를 의미하며, 어떤 개인 또는 집단에게 정보 · 감정 · 사상 · 의견 등을 전달하고 받아들이는 과정을 의미 한다.

② 한사람이 일방적으로 상대방에게 메시지를 전달하는 과정이 아니라 상대방과의 상호작용을 통해 메시지를 다루는 과정이므로, 성공적인 의사소통을 위해서는 자신이 가진 정보와 의견을 상대방이 이해하기 쉽게 표현해야 할 뿐 아니라 상대방이 어떻게 받아들일 것인가에 대해서도 고려해야 한다.

③ **의사소통의 기능** : 조직과 팀의 효율성과 효과성을 성취할 목적으로 이루어지는 정보 및 지식의 전달 과정으로써, 여러 사람의 노력으로 공동의 목표를 추구해 나가는 집단의 기본적인 존재 기반이자 성과를 결정하는 핵심 기능을 한다.

④ **의사소통의 중요성** : 제각기 다른 사람들의 시각 차이를 좁혀주며, 선입견을 줄이거나 제거해 주는 수단이다.

(2) 의사소통능력의 종류

① 문서적인 측면

㉠ **문서이해능력** : 업무에 관련된 문서를 통해 구체적인 정보를 획득 · 수집 · 종합하는 능력

ⓛ **문서작성능력** : 상황과 목적에 적합한 문서를 시각적 · 효과적으로 작성하는 능력

② **언어적인 측면**

㉠ **경청능력** : 원활한 의사소통의 방법으로, 상대방의 이야기를 듣고 의미를 파악하는 능력

ⓛ **의사표현력** : 자신의 의사를 상황과 목적에 맞게 설득력을 가지고 표현하는 능력

(3) 바람직한 의사소통을 저해하는 요인

① '일방적으로 말하고', '일방적으로 듣는' 무책임한 마음

→ 의사소통 기법의 미숙, 표현 능력의 부족, 이해 능력의 부족

② '전달했는데', '아는 줄 알았는데'라고 착각하는 마음

→ 평가적이며 판단적인 태도, 잠재적 의도

③ '말하지 않아도 아는 문화'에 안주하는 마음

→ 과거의 경험, 선입견과 고정관념

(4) 의사소통능력 개발

① 사후검토와 피드백 활용

② 언어의 단순화

③ 적극적인 경청

④ 감정의 억제

(5) 인상적인 의사소통

① 인상적인 의사소통이란, 의사소통 과정에서 상대방에게 같은 내용을 전달한다고 해도 이야기를 새롭게 부각시켜 좋은 인상을 주는 것이다.

② 상대방이 '과연'하며 감탄하도록 내용을 전달하는 것이다.

③ 자신에게 익숙한 말이나 표현만을 고집스레 사용하면 전달하고자 하는 이야기의 내용에 신선함과 풍부함, 또는 맛깔스러움이 떨어져 의

사소통에 집중하기가 어렵다. 상대방의 마음을 끌어당길 수 있는 표현법을 많이 익히고 이를 활용해야 한다.

④ 자신을 인상적으로 전달하려면, 선물 포장처럼 자신의 의견도 적절히 꾸미고 포장할 수 있어야 한다.

2. 문서이해능력

(1) 문서이해능력이란?

① 작업현장에서 자신의 업무와 관련된 인쇄물이나 기호화된 정보 등 필요한 문서를 확인하여 문서를 읽고, 내용을 이해하여 요점을 파악하는 능력이다.

② 문서에서 주어진 문장이나 정보를 읽고 이해하여 자신에게 필요한 행동이 무엇인지 추론할 수 있어야 하며 도표, 수, 기호 등도 이해하고 표현할 수 있는 능력을 의미한다.

(2) 문서의 종류와 용도

① **공문서** : 정부 행정기관에서 대내외적 공무를 집행하기 위해 작성하는 문서

② **기획서** : 적극적으로 아이디어를 내고 기획해 하나의 프로젝트를 문서 형태로 만들어, 상대방에게 기획의 내용을 전달하고 기획을 시행하도록 설득하는 문서

③ **기안서** : 회사의 업무에 대한 협조를 구하거나 의견을 전달할 때 작성하며 흔히 사내 공문서로 불림

④ **보고서** : 특정한 일에 관한 현황이나 그 진행 상황 또는 연구 · 검토 결과 등을 보고할 때 작성하는 문서

⑤ **설명서** : 상품의 특성이나 사물의 성질과 가치, 작동 방법이나 과정을 소비자에게 설명하는 것을 목적으로 작성하는 문서

⑥ **보도자료** : 정부 기관이나 기업체, 각종 단체 등이 언론을 상대로 자신

들의 정보가 기사로 보도되도록 하기 위해 보내는 자료

⑦ **자기소개서** : 개인의 가정환경과 성장과정, 입사 동기와 근무자세 등을 구체적으로 기술하여 자신을 소개하는 문서

⑧ **비즈니스 레터(E-mail)** : 사업상의 이유로 고객이나 단체에 편지를 쓰는 것이며, 직장 업무나 개인 간의 연락, 직접 방문하기 어려운 고객관리 등을 위해 사용되는 문서이나, 제안서나 보고서 등 공식적인 문서를 전달하는 데도 사용된다.

⑨ **비즈니스 메모** : 업무상 필요한 중요한 일이나 앞으로 체크해야 할 일이 있을 때 필요한 내용을 메모 형식으로 작성하여 전달하는 글이다.

(3) 문서 이해의 구체적 절차

① 문서의 목적 이해하기

② 문서가 작성된 배경과 주제 파악하기

③ 문서에 쓰여진 정보를 밝혀내고 문제가 제시하고 있는 현안문제 파악하기

④ 문서를 통해 상대방의 욕구와 의도 및 나에게 요구하는 행동에 관한 내용 분석하기

⑤ 문서에서 이해한 목적 달성을 위해 취해야 할 행동을 생각하고 결정하기

⑥ 상대방의 의도를 도표나 그림 등으로 메모하여 요약 · 정리해보기

(4) 문서이해를 위해 필요한 사항

① 각 문서에서 꼭 알아야 하는 중요한 내용만을 골라 필요한 정보를 획득하고 수집, 종합하는 능력

② 다양한 종류의 문서를 읽고, 구체적인 절차에 따라 이해하고 정리하는 습관을 들여 문서이해능력과 내용종합능력을 키워나가는 노력

③ 책이나 업무에 관련된 문서를 읽고, 나만의 방식으로 소화하여 작성할 수 있는 능력

수리능력

1. 수리능력

(1) 수리능력이란?

직장생활에서 요구되는 사칙연산과 기초적인 통계를 이해하고, 도표 또는 자료(데이터)를 정리 · 요약하여 의미를 파악하거나, 도표를 이용해서 합리적인 의사결정을 위한 객관적인 판단근거로 제시하는 능력이다.

(2) 구성요소

① **기초연산능력**

직장생활에서 필요한 기초적인 사칙연산과 계산방법을 이해하고 활용하는 능력

② **기초통계능력**

직장생활에서 평균, 합계, 빈도와 같은 기초적인 통계기법을 활용하여 자료를 정리하고 요약하는 능력

③ **도표분석능력**

직장생활에서 도표(그림, 표, 그래프 등)의 의미를 파악하고, 필요한 정보를 해석하여 자료의 특성을 규명하는 능력

2. 사칙연산

(1) 사칙연산이란?

수 또는 식에 관한 덧셈(+), 뺄셈(−), 곱셈(×), 나눗셈(÷) 네 종류의 계산법이다. 보통 사칙연산은 정수나 분수 등에서 계산할 때 활용되며, 여러 부호가 섞여 있을 경우에는 곱셈과 나눗셈을 먼저 계산한다.

(2) 수의 계산

구분	덧셈(+)	곱셈(×)
교환법칙	$a+b=b+a$	$a\times b=b\times a$
결합법칙	$(a+b)+c=a+(b+c)$	$(a\times b)\times c=a\times(b\times c)$
분배법칙	$(a+b)\times c=a\times c+b\times c$	

3. 검산방법

(1) 역연산

답에서 거꾸로 계산하는 방법으로 덧셈은 뺄셈으로, 뺄셈은 덧셈으로, 곱셈은 나눗셈으로, 나눗셈은 곱셈으로 바꾸어 확인하는 방법이다.

(2) 구거법

어떤 수를 9로 나눈 나머지는 그 수의 각 자리 숫자의 합을 9로 나눈 나머지와 같음을 이용하여 확인하는 방법이다.

4. 단위환산

(1) 단위의 종류

① **길이** : 물체의 한 끝에서 다른 한 끝까지의 거리 (mm, cm, m, km 등)
② **넓이(면적)** : 평면의 크기를 나타내는 것 (mm^2, cm^2, m^2, km^2 등)
③ **부피** : 입체가 점유하는 공간 부분의 크기 (mm^3, cm^3, m^3, km^3 등)
④ **들이** : 통이나 그릇 따위의 안에 넣을 수 있는 물건 부피의 최댓값 (mℓ, dℓ, ℓ, kℓ 등)

(2) 단위환산표

단위	단위환산
길이	1cm=10mm, 1m=100cm, 1km=1,000m=100,000cm
넓이	$1cm^2=100mm^2$, $1m=10,000cm^2$, $1km^2=1,000,000m^2$
부피	$1cm^3=1,000mm^3$, $1m^3=1,000,000cm^3$, $1km^3=1,000,000,000m^3$
들이	$1m\ell=1cm^3$, $1d\ell=100cm^3=100m\ell$, $1\ell=1,000cm^3=10d\ell$
무게	1kg=1,000g, 1t=1,000kg=1,000,000g
시간	1분=60초, 1시간=60분=3,600초
할푼리	1푼=0.1할, 1리=0.01할, 모=0.001할

5. 통계

(1) 통계란?

① 의미

집단현상에 대한 구체적인 양적 기술을 반영하는 숫자를 의미한다. 특히 사회집단 또는 자연집단의 상황을 숫자로 나타낸 것이다.

② 기능

㉠ 많은 수량적 자료를 처리가능하고 쉽게 이해할 수 있는 형태로 축소시킨다.

㉡ 표본을 통해 연구대상 집단의 특성을 유추한다.

㉢ 의사결정의 보조수단이 된다.

㉣ 관찰 가능한 자료를 통해 논리적으로 어떠한 결론을 추출 · 검증한다.

(2) 통계치

① **빈도** : 어떤 사건이 일어나거나 증상이 나타나는 정도

② **빈도 분포** : 어떤 측정값의 측정된 회수 또는 각 계급에 속하는 자료의 개수

③ **평균** : 모든 사례의 수치를 합한 후에 총 사례수로 나눈 값

④ **중앙값** : 크기에 의하여 배열하였을 때 정확하게 중간에 있는 값

⑤ **백분율** : 전체의 수량을 100으로 하여 생각하는 수량이 몇이 되는 가를 가리키는 수(퍼센트)

(3) 통계의 계산

① **범위** : 최고값－최저값

② **평균** : $\dfrac{\text{전체 사례 값들의 합}}{\text{총 사례수}}$

③ **분산** : $\dfrac{(\text{관찰값}-\text{평균})^2\text{의 합}}{\text{총 사례수}}$

④ **표준편차** : $\sqrt{\text{분산}}$

문제해결능력

1. 문제

(1) 문제란?

원활한 업무수행을 위해 해결되어야 하는 질문이나 의논 대상을 의미한다.

※ **문제점** : 문제의 근본원인이 되는 사항으로 문제해결에 필요한 열쇠인 핵심 사항

(2) 문제의 분류

구분	창의적 문제	분석적 문제
문제제시 방법	현재 문제가 없더라도 보다 나은 방법을 찾기 위한 문제 탐구로 문제자체가 명확하지 않음	현재의 문제점이나 미래의 문제로 예견될 것에 대한 문제 탐구로, 문제자체가 명확함
해결 방법	창의력에 의한 많은 아이디어의 작성을 통해 해결	분석, 논리, 귀납과 같은 논리적 방법을 통해 해결
해답 수	해답의 수가 많으며, 많은 답 가운데 보다 나은 것을 선택	답의 수가 적으며, 한정되어 있음
주요 특징	주관적, 직관적, 감각적, 정성적, 개별적, 특수성	객관적, 논리적, 정량적, 이성적, 일반적, 공통성

(3) 문제의 유형

① 기능에 따른 문제 유형

제조문제, 판매문제, 자금문제, 인사문제, 경리문제, 기술상 문제

② 해결방법에 따른 문제 유형

논리적 문제, 창의적 문제

③ 시간에 따른 문제유형

과거문제, 현재문제, 미래문제

④ 업무수행과정 중 발생한 문제유형

발생형 문제 (보이는 문제)	• 눈앞에 발생되어 당장 걱정하고 해결하기 위해 고민하는 문제 • 눈에 보이는 이미 일어난 문제 • 원인지향적인 문제
탐색형 문제 (찾는 문제)	• 현재의 상황을 개선하거나 효율을 높이기 위한 문제 • 눈에 보이지 않는 문제 • 잠재문제, 예측문제, 발견문제
설정형 문제 (미래 문제)	• 미래상황에 대응하는 장래의 경영전략의 문제 • 앞으로 어떻게 할 것인가 하는 문제 • 목표 지향적 문제 • 창조적 문제

2. 문제해결

(1) 문제해결의 정의 및 의의

① 정의

문제해결이란 목표와 현상을 분석하고, 이 분석 결과를 토대로 주요과제를 도출하여 바람직한 상태나 기대되는 결과가 나타나도록 최적의 해결안을 찾아 실행, 평가해 가는 활동을 의미한다.

② 의의

㉠ **조직 측면** : 자신이 속한 조직의 관련분야에서 세계 일류수준을 지향하며, 경쟁사와 대비하여 탁월하게 우위를 확보하기 위해 끊임없는 문제해결 요구

㉡ **고객 측면** : 고객이 불편하게 느끼는 부분을 찾아 개선과 고객감동을 통한 고객만족을 높이는 측면에서 문제해결 요구

㉢ **자기 자신 측면** : 불필요한 업무를 제거하거나 단순화하여 업무를 효율적으로 처리하게 됨으로써 자신을 경쟁력 있는 사람으로 만들어 나가는데 문제해결 요구

1DAY 2DAY 3DAY

(2) 문제해결의 기본요소

① 체계적인 교육훈련

② 문제해결방법에 대한 지식

③ 문제에 관련된 해당지식 가용성

④ 문제해결자의 도전의식과 끈기

⑤ 문제에 대한 체계적인 접근

(3) 문제해결 시 갖추어야할 사고

① **전략적 사고**

현재 당면하고 있는 문제와 그 해결방법에만 집착하지 말고, 그 문제와 해결방안이 상위 시스템 또는 다른 문제와 어떻게 연결되어 있는지를 생각하는 것이 필요하다.

② **분석적 사고**

전체를 각각의 요소로 나누어 그 요소의 의미를 도출한 다음 우선순위를 부여하고 구체적인 문제해결방법을 실행하는 것이 요구된다.

㉠ **성과 지향의 문제** : 기대하는 결과를 명시하고 효과적으로 달성하는 방법을 사전에 구상하고 실행에 옮긴다.

㉡ **가설 지향의 문제** : 현상 및 원인분석 전에 지식과 경험을 바탕으로 일의 과정이나 결과, 결론을 가정한 다음 검증 후 사실일 경우 다음 단계의 일을 수행한다.

㉢ **사실 지향의 문제** : 일상 업무에서 일어나는 상식, 편견을 타파하여 객관적 사실로부터 사고와 행동을 출발한다.

③ **발상의 전환**

기존에 갖고 있는 사물과 세상을 바라보는 인식의 틀을 전환하여 새로운 관점에서 바로 보는 사고를 지향한다.

④ 내 · 외부자원의 효과적인 활용

문제해결 시 기술, 재료, 방법, 사람 등 필요한 자원 확보 계획을 수립하고 내 · 외부자원을 효과적으로 활용한다.

(4) 문제해결 시 방해요소

① 문제를 철저하게 분석하지 않는 경우

어떤 문제가 발생하면 직관에 의해 성급하게 판단하여 문제의 본질을 명확하게 분석하지 않고 대책안을 수립하여 실행함으로써 근본적인 문제해결을 하지 못하거나 새로운 문제를 야기하는 결과를 초래할 수 있다.

② 고정관념에 얽매이는 경우

상황이 무엇인지를 분석하기 전에 개인적인 편견이나 경험, 습관으로 증거와 논리에도 불구하고 정해진 규정과 틀에 얽매여서 새로운 아이디어와 가능성을 무시해 버릴 수 있다.

③ 쉽게 떠오르는 단순한 정보에 의지하는 경우

문제해결에 있어 종종 우리가 알고 있는 단순한 정보들에 의존하여 문제를 해결하지 못하거나 오류를 범하게 된다.

④ 너무 많은 자료를 수집하려고 노력하는 경우

무계획적인 자료 수집은 무엇이 제대로 된 자료인지를 알지 못하는 실수를 범할 우려가 많다.

(5) 문제해결 방법

① 소프트 어프로치(Soft approach)

- 대부분의 기업에서 볼 수 있는 전형적인 스타일이다.
- 문제해결을 위해서 직접적인 표현이 바람직하지 않다고 여기며, 무언가를 시사하거나 암시를 통하여 의사를 전달한다.

- 결론이 애매하게 끝나는 경우가 적지 않으나, 그것은 그것대로 이심전심을 유도하여 파악한다.

② 하드 어프로치(Hard approach)

- 서로의 생각을 직설적으로 주장하고 논쟁이나 협상을 통해 서로의 의견을 조정해 가는 방법이다.
- 중심적 역할을 하는 것은 논리, 즉 사실과 원칙에 근거한 토론이다.
- 합리적이긴 하지만 잘못하면 단순한 이해관계의 조정에 그치고 말아서 그것만으로는 창조적인 아이디어나 높은 만족감을 이끌어 내기 어렵다.

③ 퍼실리테이션(Facilitation)

- 깊이 있는 커뮤니케이션을 통해 서로의 문제점을 이해하고 공감함으로써 창조적인 문제해결을 도모한다.
- 구성원의 동기가 강화되고 팀워크도 한층 강화된다는 특징을 보인다.
- 구성원이 자율적으로 실행하는 것이며, 제 3자가 합의점이나 줄거리를 준비해놓고 예정대로 결론이 도출되어 가는 것이어서는 안 된다.

※ 퍼실리테이션에 필요한 기본 역량

① 문제의 탐색과 발견

② 문제해결을 위한 구성원 간의 커뮤니케이션 조정

③ 합의를 도출하기 위한 구성원들 사이의 갈등 관리

대인관계능력

1. 대인관계능력

(1) 대인관계능력이란?

① 직장생활에서 협조적인 관계를 유지하고 조직 구성원들에게 도움을 줄 수 있으며, 조직 내부 및 외부의 갈등을 원만히 해결하고 고객의 요구를 충족시켜줄 수 있는 능력이다.

② 대인관계 형성 시 가장 중요한 요소는 무엇을 말하느냐, 어떻게 행동하느냐 보다는 우리의 사람됨, 즉 깊은 내면 또는 성품이다.

(2) 대인관계 향상 방법

① 상대방에 대한 이해와 양보

② 사소한 일에 대한 관심

③ 약속의 이행

④ 칭찬하고 감사하는 마음

⑤ 언행일치

⑥ 진지한 사과

2. 팀워크능력

(1) 팀워크란?

① Team + Work의 개념으로, 팀 구성원이 공동의 목적을 달성하기 위하여 상호관계성을 가지고 서로 협력하여 업무를 수행하는 것을 말한다.

② 단순히 모이는 것을 중요시하는 것이 아니라 목표달성 의지를 가지고 성과를 내는 것이다.

③ 팀이 성과는 내지 못하면서 분위기만 좋은 것은 팀워크가 아니라 응집력이다.

(2) 효과적인 팀의 특성

① 팀의 사명과 목표를 명확하게 기술함
② 창조적으로 운영함
③ 결과에 초점을 맞춤
④ 역할과 책임을 명료화함
⑤ 조직화가 잘 되어있음
⑥ 개인의 강점을 활용함
⑦ 리더십 역량을 공유함
⑧ 팀 풍토를 발전시킴
⑨ 의견 불일치를 건설적으로 해결함
⑩ 개방적인 의사소통을 함
⑪ 객관적인 결정을 내림
⑫ 팀 자체의 효과성을 평가함

(3) 팀의 발전 과정

① **형성기(Forming)** : 팀이 구축되고 형성되는 단계로, 팀원들은 안전하고 예측 가능한 행동에 대한 지침이 필요하기 때문에 리더에게 상당히 의지하고, 팀에서 인정받기를 원한다.

② **격동기(Storming)** : 팀원들이 가제를 수행하기 위해 체계를 갖추게 되면서 필연적으로 마찰이 일어나며 리더십, 구조, 권한, 권위에 대한 문제 전반에 걸쳐서 경쟁심과 적대감이 나타난다.

③ **규범기(Norming)** : 팀원 간에 응집력이 생기고 공동체 형성과 팀의 문제 해결에 더욱 집중하여 단결된 모습을 보인다.

④ **성취기(Performing)** : 팀원들 간 조화를 이루고 팀원으로서의 충성심을 드러낸다. 전체적인 목표는 문제 해결과 일을 통한 생산성 향상이다.

(4) 멤버십(Membership)

① 멤버십이란 조직의 구성원으로서 자격과 지위를 갖는 것으로, 훌륭한 멤버십은 팔로워십(=리더를 잘 따르는 것)의 역할을 충실하게 수행하는 것이다.

② 멤버십과 리더십의 두 개념은 상호보완적이며 필수적인 관계이다.

③ 멤버십의 유형

㉠ 소외형

- 자립적, 냉소적이며 일부러 반대의견을 제시함
- 조직이 자신을 인정하지 않으며 적절한 보상이 없다고 생각함

㉡ 순응형

- 기쁜 마음으로 과업을 수행하며 획일적인 태도를 보임
- 리더나 조직에 헌신하며 리더의 의견을 거스르는 것이 어려움

㉢ 실무형

- 조직에 운영방침에 민감함, 규정과 규칙을 중시함, 사건을 균형 잡힌 시각으로 바라봄

㉣ 수동형

- 판단, 사고 시 리더에 의존함, 지시가 있어야 행동함
- 업무 수행 시 감독이 반드시 필요함

㉤ 주도형

- 독립적 · 혁신적 사고 측면에서 건설적 비판을 하며 자기 나름의 개성과 창조성을 지님
- 적극적 참여와 실천 측면에서 솔선수범하고 주인의식을 가지고 기대 이상의 성과를 내려고 노력함

조직 이해 능력

(1) 조직 이해 능력이란?

- 직업인이 속한 조직의 경영과 체제업무를 이해하고, 직장생활과 관련된 국제 감각을 가지는 능력이다.
- 조직은 두 사람 이상이 공동의 목표를 달성하기 위해 의식적으로 구성된 상호작용과 조정을 행하는 행동의 집합체이다.
- 기업은 직장생활을 하는 대표적인 조직으로 노동, 자본, 물자, 기술 등을 투입하여 제품이나 서비스를 산출하는 기관이다.

(2) 조직의 유형

① 공식성

- 공식조직 : 조직의 규모, 기능, 규정이 조직화된 조직
- 비공식조직 : 인간관계에 따라 형성된 자발적 조직

② 영리성

- 영리조직 : 사기업 등
- 비영리조직 : 정보조직, 병원, 대학, 시민단체 등

③ 조직 규모에 따른 유형

- 소규모 조직 : 가족 소유의 상점 등
- 대규모 조직 : 대기업 등

(3) 경영이란?

조직의 목적을 달성하기 위한 전략, 관리, 운영활동

① 경영의 구성요소

- 경영목적 : 조직의 목적을 달성하기 위한 방법이나 과정
- 인적자원 : 조직의 구성원, 인적자원의 배치와 활용
- 자금 : 경영활동에 요구되는 돈, 경영의 방향과 범위 한정
- 경영전략 : 변화하는 환경에 적응하기 위한 경영활동 체계화

② 경영자의 역할

경영자는 조직의 전략, 관리 및 운영활동을 주관하며, 조직구성원들과 의사결정을 통해 조직이 나아갈 방향을 제시하고 조직의 유지와 발전에 대해 책임을 지는 사람이다.

- 대인적 역할 : 조직의 대표자, 조직의 리더, 지도자, 상징자
- 정보적 역할 : 외부환경 모니터, 변화전달, 정보전달자
- 의사결정적 역할 : 문제 조정, 대외적 협상 주도, 분쟁 조정자, 자원 배분자, 협상가

(4) 조직체제

① 조직체제 구성요소

- 조직 목표 : 조직이 달성하려는 장래의 상태
- 조직의 구조 : 조직 내의 부문 사이에 형성된 관계로 조직구성원들의 상호작용(규칙과 규정이 정해진 기계적 조직, 의사결정권이 하부구성원에게 많이 위임되고 업무가 고정적이지 않은 유기적 조직)
- 조직 문화 : 조직 구성원들이 생활양식이나 가치를 공유하는 것
- 규칙 및 규정 : 조직의 목표나 전략에 따라 수립. 조직 구성원들의 활동 범위를 제약하고 일관성을 부여함

② 조직변화

㉠ 조직변화 과정 : 환경변화 인지 → 조직변화 방향 수립 → 조직변화 실행 → 변화결과 평가

㉡ 조직 변화 유형

- 제품과 서비스 : 제품이나 서비스를 고객의 요구에 부응하는 것
- 전략과 구조 : 조직의 목적 달성과 효율성을 위해 개선하는 것
- 기술 : 신기술이 도립되는 것
- 문화 : 구성원들의 사고와 가치를 변화시켜 조직의 목적과 일치화 시키는 것

직업윤리

(1) 직업윤리의 의미와 특징

① **직업윤리의 의미**

㉠ 직업에 종사하는 현대인으로서 누구나 공통적으로 지켜야 할 윤리기준

㉡ 개인윤리를 바탕으로, 각자가 직업에 종사하는 과정에서 요구되는 특수한 윤리규범

② **직업윤리의 중요성**

㉠ 개인적 차원에서 진정한 의미의 직업적 성공은 도덕성이 수반되어야 함

㉡ 직업적 활동은 개인적 차원에만 머무르지 않고 사회전체의 질서와 안정, 발전에 매우 중요한 역할을 수행함

③ **직업윤리의 덕목**

㉠ **소명의식** : 자신이 맡은 일은 하늘에 의해 맡겨진 일이라고 생각하는 태도

㉡ **천직의식** : 자신의 일이 자신의 능력과 적성에 꼭 맞는다 여기고 그 일에 열성을 가지고 성실히 임하는 태도

㉢ **직분의식** : 자신이 하고 있는 일이 사회나 기업을 위해 중요한 역할을 하고 있다고 믿고 자신의 활동을 수행하는 태도

㉣ **책임의식** : 직업에 대한 사회적인 역할과 책무를 충실히 수행하고 책임을 다하는 태도

㉤ **전문가의식** : 자신의 일이 누구나 할 수 있는 것이 아니라 해당 분야의 지식과 교육을 밑바탕으로 성실히 수행해야만 가능한 것이라 믿고 수행하는 태도

㉥ **봉사의식** : 직업 활동을 통해 다른 사람과 공동체에 대하여 봉사하는 정신을 갖추고 실천하는 태도

④ 개인윤리와 직업윤리의 조화

㉠ 업무상 개인의 판단과 행동이 사회적 영향력이 큰 기업시스템을 통하여 다수의 이해관계자와 관련되게 된다.

㉡ 수많은 사람이 관련되어 고도화 된 공동의 협력을 요구하므로 맡은 역할에 대한 책임완수가 필요하고, 정확하고 투명한 일 처리가 필요하다.

㉢ 규모가 큰 공동의 재산, 정보 등을 개인의 권한 하에 위임 · 관리하므로 높은 윤리의식이 요구된다.

㉣ 직장이라는 특수 상황에서 갖는 집단적 인간관계는 가족관계, 개인적 선호에 의한 친분관계와는 다른 측면의 배려가 요구된다.

㉤ 기업은 경쟁을 통하여 사회적 책임을 다하고, 보다 강한 경쟁력을 키우기 위하여 조직원 개개인의 역할과 능력이 경쟁상황에서 적절하고 꾸준하게 향상되어야 한다.

㉥ 각각의 직무에서 오는 특수한 상황에서는 개인적 덕목차원의 일반적인 상식과 기준으로는 규제할 수 없는 경우가 많다.

⑤ 직업윤리의 5대 기본원칙

㉠ **객관성의 원칙** : 업무의 공공성을 바탕으로 공사구분을 명확히 하고, 모든 것을 숨김없이 투명하게 처리하는 것

㉡ **고객중심의 원칙** : 고객에 대한 봉사를 최우선으로 생각하고 현장중심, 실천중심으로 일하는 것

㉢ **전문성의 원칙** : 전문가로서의 능력과 의식을 가지고 자기업무에 책임을 다하며, 능력을 연마하는 것

㉣ **정직과 신용의 원칙** : 업무와 관련된 모든 것을 숨김없이 정직하게 수행하고, 본분과 약속을 지켜 신뢰를 유지하는 것

㉤ **공정경쟁의 원칙** : 법규를 준수하고, 경쟁원리에 따라 공정하게 행동하는 것

정보능력

(1) 정보능력이란?

직장생활에서 컴퓨터를 활용하여 수많은 정보 중에서 필요한 정보를 수집하고, 분석하며, 매일 수십 개의 정보가 생성 · 소멸될 정도로 변화가 빠른 정보화시대에서 정보능력은 필수적이다.

(2) 자료 · 정보 · 지식의 차이

구분	내용	활용예시
자료	• 정보작성을 위하여 필요한 데이터 • 객관적 실제의 반영이며, 그것을 전달할 수 있도록 기호화한 것	• 고객의 주소, 성별, 이름, 나이, 스마트폰 기종, 스마트폰 활용 횟수 등
정보	• 자료를 특정한 목적과 문제해결에 도움이 되도록 가공한 것	• 중년층의 스마트폰 기종 • 중년층의 스마트폰 활용 횟수
지식	• 정보를 집적하고 체계화하여 장래의 일반적인 사항에 대비해 보편성을 갖도록 한 것	• 스마트폰 디자인에 대한 중년층의 취향 • 중년층을 주요 타깃으로 신종 스마트폰 개발

(3) 정보화 사회

① **정보화 사회란?**

이 세상에서 필요로 하는 정보가 사회의 중심이 되는 사회로서 컴퓨터 기술과 정보통신 기술을 활용하여 사회 각 분야에서 필요로 하는 가치 있는 정보를 창출하고, 보다 유익하고 윤택한 생활을 영위하는 사회로 발전시켜 나가는 것을 의미한다.

② **미래의 사회**

㉠ 부가가치 창출요인이 토지, 자본, 노동에서 지식 및 정보 생산 요소로 전환

※ 미래사회를 이끌어갈 주요산업 (6T) : 정보기술(IT), 생명공학(BT), 나노기술(NT), 환경기술(ET), 문화산업(CT), 우주항공기술(ST)

㉡ 세계화의 진전

세계화는 모든 국가의 시장이 국경 없는 하나의 세계 시장으로 통합됨을 의미한다. 이때 세계 시장에서 실물 상품뿐만 아니라 노동, 자본, 기술 등의 생산요소와 교육과 같은 서비스의 국제 교류도 모두 포함된다.

㉢ 지식의 폭발적인 증가

미래사회에서는 지식, 특히 과학적 지식이 폭발적으로 증가할 것이다. 2050년경이 되면 지식이 급증하여 지금의 지식은 1% 밖에 사용할 수 없게 될 것이라고 전망하는 미래학자도 있다.

③ 정보화 사회에서 필수적으로 해야 할 일

㉠ 정보검색

㉡ 정보관리

㉢ 정보전파

(4) 컴퓨터의 활용

① 기업 경영 분야에서의 활용

생산에서부터 판매, 회계, 재무, 인사 및 조직관리는 물론 금융 업무까지도 활용하고 있다. 특히 경영정보시스템(MIS), 의사결정지원시스템(DSS), 사무자동화(OA), 전자상거래(EC) 등을 이용하여 업무처리의 효율을 높이고 있다.

② 행정 분야에서의 활용

행정기관에서 민원처리, 각종 행정 통계 등의 여러 가지 행정에 관련된 정보를 데이터베이스로 구축하여 활용하고 있다.

③ 산업 분야에서의 활용

공업, 상업 등 각 분야에서 널리 활용될 뿐만 아니라 중요한 역할을 담당하고 있다. 특히 컴퓨터 이용 설계(CAD)와 컴퓨터 이용 생산(CAM) 등을 이용하여 제품의 경쟁력을 높이고 있다.

④ 기타 분야에서의 활용

컴퓨터는 교육, 연구소, 출판, 가정, 도서관, 예술 분야 등에서도 널리 활용되고 있다. 특히 교육에서 컴퓨터 보조 교육(CAI), 컴퓨터 관리 교육(CMI)과 복잡한 계산이나 정밀한 분석 및 실험 등의 여러 가지 형태로 이용되고 있다.

한국토지주택공사(LH) 직업기초능력평가

한국토지주택공사(LH) 직업기초능력평가

문항수	시험시간
70문항	70분

의사소통능력

01 다음의 기사에 대한 설명으로 적절하지 <u>않은</u> 것은?

한국토지주택공사(LH)는 18일 행정중심복합도시 내 스마트시티 체험존에 시범 도입할 '시민체감형 스마트 서비스'를 공모한다고 밝혔다.

LH는 이번 공모를 통해 스마트시티 기술을 보유한 전문기업에 행복도시 스마트시티 체험존을 테스트베드로 제공하고 서비스를 구현해 시민들이 스마트시티를 직접 체험해 볼 수 있도록 할 계획이다. 공모 대상은 시민체감형 스마트 서비스로 즉시 구현이 가능한 제품군이다.

접수된 스마트 서비스는 심의위원회에서 체감도 · 경제성 · 운용성 등을 심사하며, 선정된 서비스를 대상으로 LH와 해당 기업 간 협약을 체결한 뒤 체험존에 구축할 예정이다. 이 가운데 만족도가 높은 체감형 서비스는 타 사업지구에 확대 적용하고, 스마트시티 국가시범도시 사업과도 연계할 계획이다.

5월 14~15일 공모 신청을 받고, 신청서와 관련 서류를 LH 스마트도시개발처로 우편 또는 방문 제출하면 된다. 공모 관련 자세한 사항은 LH공사 홈페이지(www.lh.or.kr)에 게시된 공고문을 확인하면 된다.

① 공모에 접수한 기업은 스마트시티 체험존에서 기술을 테스트해 볼 수 있다.
② 시민들이 바로 사용해 볼 수 있는 제품만 공모할 수 있다.
③ 공모에 선정된 서비스는 모두 스마트시티 국가 시범도시 사업과 연계될 예정이다.
④ 공모 신청은 5월 15일까지 할 수 있으며, 인터넷을 통한 접수는 불가능하다.
⑤ 기사의 제목으로는 "LH, 스마트시티 체험존에 도입할 시민체감형 스마트 서비스 공모"가 적절하다.

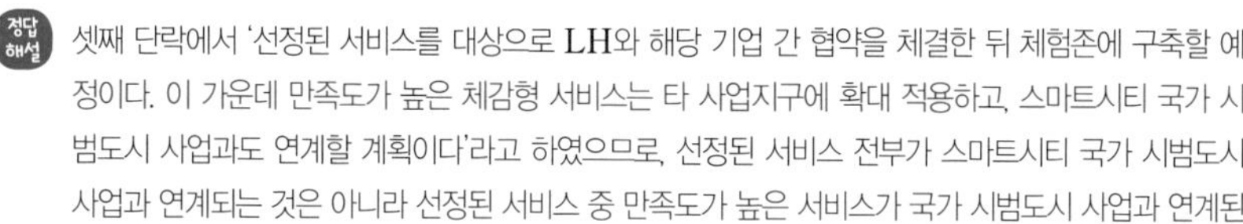
정답 해설 셋째 단락에서 '선정된 서비스를 대상으로 LH와 해당 기업 간 협약을 체결한 뒤 체험존에 구축할 예정이다. 이 가운데 만족도가 높은 체감형 서비스는 타 사업지구에 확대 적용하고, 스마트시티 국가 시범도시 사업과도 연계할 계획이다'라고 하였으므로, 선정된 서비스 전부가 스마트시티 국가 시범도시 사업과 연계되는 것은 아니라 선정된 서비스 중 만족도가 높은 서비스가 국가 시범도시 사업과 연계된다. 따라서 ③은 적절한 내용으로 볼 수 없다.

오답 해설 ① 둘째 단락에서 'LH는 이번 공모를 통해 스마트시티 기술을 보유한 전문기업에 행복도시 스마트시티 체험존을 테스트베드로 제공'한다고 하였으므로, 공모에 접수한 전문기업은 행복도시 스마트시티 체험존에서 개발 기술의 적합성을 테스트 해 볼 수 있다.

② 둘째 단락의 '공모 대상은 시민체감형 스마트 서비스로 즉시 구현이 가능한 제품군이다'에서 알 수 있는 내용이다.

④ 넷째 단락의 '5월 14~15일 공모 신청을 받고, 신청서와 관련 서류를 LH 스마트도시개발처로 우편 또는 방문 제출하면 된다'를 통해 알 수 있는 내용이다.

⑤ 기사의 핵심 내용을 언급한 첫째 단락을 통해 제목을 알 수 있다.

02 다음 글들을 읽고 종합적으로 판단하여 추론할 수 있는 내용으로 적절하지 않은 것은?

(가) '공간'과 '장소'는 공통의 경험을 나타내는 친숙한 단어다. 우리는 공간 속에서 산다. 한 필지 위에 건물을 지으면 다른 건물을 더 지을 공간은 없다. 대평원지대는 광활해 보인다. 장소는 안전(安全)을 의미하며 공간은 자유를 의미한다. 즉 우리는 장소에 고착되어 있으면서 공간을 열망한다. 집보다 나은 장소는 없다. 집이란 무엇인가? 그것은 오래된 가옥이며 오래된 이웃이고 고향이며 조국이다.

(나) 장소의 기본적인 의미, 즉 장소의 본질은 위치에서 오는 것도, 장소가 수행하는 사소한 기능들에서 오는 것도, 장소를 점유하고 있는 공동체에서 오는 것도, 피상적이고 세속적인 경험에서 오는 것도 아니다. 이들 모두가 장소의 일반적이고 필수적인 특성이긴 하지만, 장소를 인간 존재의 심원한 중심으로 정의하는 대체로 무의식적인 의도성에 장소의 본질이 있다. 결국 모든 사람은 태어나고 자라며 지금도 살고 있는, 또는 특히 감동적인 경험을 가졌던 장소와 깊은 관련을 맺고 있으며 그 장소를 의식하고 있다.

이러한 관계가 개인의 정체성과 문화적 정체성, 그리고 안정감의 근원이자, 우리가 세계 속에서 우리 자신을 외부로 지향시키는 출발점을 구성하고 있는 것으로 보인다.

(다) 무장소성은 의미 있는 장소를 가지지 못한 환경과 장소가 가진 의미를 인정하지 않는 잠재적인 태도, 양자를 함께 기술하는 말이다. 그것은 뿌리를 잘라내며 상징을 침식하고, 다양성을 획일성으로, 경험적 질서를 개념적 질서로 바꾸어 버리면서 가장 심각한 수준에 도달한다. 가장 극단적인 수준은 '집'이라는 거주 장소로부터의 소외가 만연해져 아마도 회복 불가능하게 되는 단계이다. 릴케는 "현재 집이 없는 사람은 앞으로도 집을 짓지 않을 것"이라고 주장했다. 하이데거도 여기에 호응하여, "집을 상실하는 것이 세계의 운명이 되어가고 있다"고 했다.

(라) '집'은 문학에서 여러가지 상징적인 의미를 가진다. 우선 안전과 방호(防護)의 상징이기도 하며 거기에 함께 거하는 가족이란 혈연집단의 내밀한 삶과 관련된 사랑과 갈등의 장소적 · 공간적인 상징이 되기도 한다. 혹은 집은 우주와 상응하는 중심으로 이해되기도 하며, 때로는 여성의 감옥으로 표상되기도 한다. 이렇듯 인간은 어차피 집 속에 사는 존재이며 또 집이라는 사회적 가족공동체를 구성하는 일원이기 때문에, 집은 그만큼 중요한 비중을 차지할 수밖에 없다. 그리고 이런 집을 구성하는 가장 기본적인 성분 요소는 말할 것도 없이 집을 구성하는 인자(因子)인 가족이며 이들의 연대성으로 이루어지는 관계의 공간성이 가정이다. 그래서 집의 실체는 가족과 주거(住居), 그리고 생활 등 여러 의미론적 요소로 편성된다.

① 인간은 안정된 삶의 조건에 마냥 머무르려 하지 않고 자유로운 삶을 꿈꾸곤 한다.
② 공간은 고정된 실체로서 주어지지 않고 상황이나 맥락에 따라 달리 수용되는 의미체이다.
③ 모든 인간은 결국 존재를 보호하는 안식처로서의 집을 통해 장소감을 형성한다.
④ 공동체적 유대감에 기반한 농촌 사회가 장소의 기능을 잘 담당하였다면 오늘날 도시 사회는 무장소성을 경험할 소지가 크다.
⑤ 오늘날 심각한 주택 문제는 인간 존재의 저변을 위협할 수 있다.

정답 해설 (나)의 전반부에서 장소의 본질은 위치에서 오는 것이 아니라 하였고, 후반부에서는 '모든 사람은 태어나고 자라며 지금도 살고 있는, 또는 특히 감동적인 경험을 가졌던 장소와 깊은 관련을 맺고 있으며 그 장소를 의식하고 있다. 이러한 관계가 개인의 정체성과 문화적 정체성, 그리고 안정감의 근원이자, 우리가 세계 속에서 우리 자신을 외부로 지향시키는 출발점을 구성하고 있는 것으로 보인다'고 하였다. 이를 통해 인간은 자신이 감동적인 경험을 가졌던 장소를 통해서도 장소감을 형성할 수 있다는 것을 알 수 있다. 따라서 모든 인간이 결국 집을 통해 장소감을 형성한다는 것은 추론하기 어려운 내용이다.

① · ② (가) 단락의 '장소는 안전(安全)을 의미하며 공간은 자유를 의미한다. 즉 우리는 장소에 고착되어 있으면서 공간을 열망한다'를 통해 추론할 수 있는 내용이다. 즉, 인간은 장소에 고착되어 있으면서도 공간을 추구함으로써 자유로운 삶은 꿈꾸는 것이다. 또한 이러한 공간은 고정된 실체로 주어지는 것이 아니라 상황이나 맥락에 따라 달리 수용된다고 할 수 있다.

④ (다) 단락에서 무장소성의 의미를 정의하고 있는데, 이는 '의미 있는 장소를 가지지 못한 환경과 장소가 가진 의미를 인정하지 않는 잠재적인 태도'이며, '가장 극단적인 수준은 '집'이라는 거주 장소로부터의 소외가 만연해져 아마도 회복 불가능하게 되는 단계'라 하였다. 따라서 이러한 무장소성은 공동체적 유대에 기반한 농촌 사회보다 도시 사회에서 경험할 소지가 크다고 할 수 있다. 따라서 ④도 글을 통해 추론할 수 있는 내용이 된다.

⑤ (라) 단락의 중간 부분인 '이렇듯 인간은 어차피 집 속에 사는 존재이며 또 집이라는 사회적 가족공동체를 구성하는 일원이기 때문에, 집은 그만큼 중요한 비중을 차지할 수밖에 없다'를 통해 추론할 수 있는 내용이다. 즉, 심각한 주택 문제는 집 속에 살며 가족공동체를 구성하는 존재인 인간은 위협할 수 있는 문제가 될 수 있다.

03 간도협약이 무효라는 주장을 뒷받침하기 위해 이 글이 의존하는 원칙이 아닌 것은?

중국은 간도협약에 의거하여 현재 연변조선자치주가 된 간도 지역을 실질적으로 지배하고 있다. 그렇다면 간도협약은 어떤 효력을 가질까. 이 협약은 을사늑약을 근거로 일본이 대한제국(이하 한국)을 대신하여 체결한 조약이다. 그러나 을사늑약은 강압에 의해 체결된 조약이므로 조약으로서 효력이 없다. 따라서 이 조약에 근거하여 체결된 간도협약은 당연히 원천적으로 무효일 수밖에 없다.

설사 을사늑약이 유효하다 하더라도, 일본이 간도협약을 체결할 권리가 있는가. 을사늑약은 "일본은 금후 한국의 외국에 대한 관계 및 사무를 감리, 지휘하며"(제1조), "한국 정부는 금후 일본 정부의 중개에 의하지 않고는 국제적 성질을 가진 어떠한 조약 또는 약속을 하지 못한다"(제2조)고 규정하고 있다. 이 업무를 담당하기 위해 일본은 한국에 통감을 두도록 되어 있으나, "통감은 단지 외교에 관한 사항만을 관리한다"(제3조)고 규정되어 있다. 이러한 문맥에서 본다면, 한국은 일본 정부의 중개를 거쳐 조약을 체결해야 하며, 일본은 한국의 외교를 '감리, 지휘'하도록 되어 있다. 즉 조약 체결의 당사자는 어디까지나 한국이어야 한다. 그렇기 때문에 조약 체결의 당사자가 될 수 없는 일본이 체결한 간도협약은 무효이다. 만약에 일본의 '감리, 지휘'를 받아서 한국이 간도협약을 체결했다면 간도협약은 유효하다고 하겠다. 또 일본이 보호국으로서 외교 대리권이 있다 하더라도 그것은 '대리'에 한정되는 것이지, 한국의 주권을 본질적으로 침해하는 영토의 처분권까지 포함하는 것은 아니다.

일반적으로 보호국이 피보호국의 외교권을 대리하는 경우, 보호국은 피보호국의 이익을 보호하는 것이 바른 의무이고, 그러한 목적 하에서 외교권을 대리해야 한다. 그런데 간도협약의 경우는 일본이 자국의 이익을 위해서 만주에 대한 권익과 간도 영유권을 교환한 것이다. 간도협약은 피보호국(한국)을 희생시키고 보호국(일본)의 이익을 확보한 것이기 때문에 보호국의 권한 범위를 벗어나는 것이다.

간도협약이 유효하다고 가정하더라도, 협약의 당사자는 일본과 중국으로서 한국은 제3국에 해당된다. 조약은 당사국에게만 효력이 있을 뿐, 제3국에게는 아무런 영향을 미치지 않는다는 국제법의 일반 원칙에 의해서도 간도협약에 의한 간도 영유권의 변경은 있을 수 없다.

① 법적 효력이 없는 계약에 기초하여 체결된 계약은 무효이다.
② 계약 당사자가 아닌 제3자라 하더라도 그 계약을 무효화할 수 있다.
③ 계약 당사자들의 자유로운 의사에 의해 체결되지 않은 계약은 무효이다.
④ 계약 당사자 혹은 대리자가 자신의 정당한 의무를 버리고 체결한 계약은 무효이다.
⑤ 계약 내용이 계약 당사자 혹은 대리자의 권한을 벗어나 있을 경우 그 계약은 무효이다.

정답 해설 ②는 간도협약이 무효라는 글의 내용과는 직접 관련이 없는 원칙이다. 제3자와 관련된 글의 마지막 단락에서 '조약은 당사국에게만 효력이 있을 뿐, 제3국에게는 아무런 영향을 미치지 않는다는 국제법의 일반 원칙에 의해서도 간도협약에 의한 간도 영유권의 변경은 있을 수 없다'라고 하였는데, 이는 간도협약이 제3국인 한국에는 아무런 영향을 미치지 않는다는 점을 지적한 것이지 제3국이 그 조약을 무효화할 수 있다는 것을 의미하지는 않는다.

① 첫째 단락에서 '을사늑약은 강압에 의해 체결된 조약이므로 조약으로서 효력이 없다. 따라서 이 조약에 근거하여 체결된 간도협약은 당연히 원천적으로 무효일 수밖에 없다'라고 하였다. 이는 강압에 의해 체결되어 법적 효력이 없는 을사늑약에 근거하여 체결한 간도협약은 당연히 무효라는 것이므로, ①의 원칙은 간도협약이 무효라는 주장을 뒷받침하는 원칙에 해당한다.

③ 첫째 단락에서 간도협약의 근거가 된 을사늑약이 강압에 의해 체결된 조약이므로 무효라 하였고, 둘째 단락에서 을사늑약의 규정에 의해서도 조약 체결의 당사자는 어디까지나 한국이어야 하며, 체결의 당사자가 될 수 없는 일본이 체결한 간도협약은 무효라 하였다. 이를 통해 볼 때 계약 당사자들의 자유로운 의사에 의해 체결되지 않은 계약은 무효라는 것은 간도협약은 무효라는 주장을 뒷받침하는 원칙이 될 수 있다.

④ 셋째 단락에서 보호국(일본)이 피보호국(한국)의 외교권을 대리하는 경우 피보호국의 이익을 보호해야 하는 의무가 있는데, 일본은 이를 저버리고 자국의 이익을 위해 간도 영유권을 교환해 버린 것이므로 간도협약은 무효라 하였다. 따라서 ④는 이를 뒷받침하는 원칙에 해당한다.

⑤ 둘째 단락의 마지막 문장인 '또 일본이 보호국으로서 외교 대리권이 있다 하더라도 그것은 '대리'에 한정되는 것이지, 한국의 주권을 본질적으로 침해하는 영토의 처분권까지 포함하는 것은 아니다'를 통해볼 때, ⑤도 간도협약이 무효라는 주장을 뒷받침하는 원칙이 될 수 있다.

04 다음 글의 내용이 참이라고 할 때 〈보기〉의 문장 중 반드시 참인 것을 모두 고르면?

우리는 사람의 인상에 대해서 "선하게 생겼다" 또는 "독하게 생겼다"라는 판단을 할 뿐만 아니라 사람의 인상을 중요시한다. 오래 전부터 사람의 얼굴을 보고 그 사람의 길흉을 판단하는 관상의 원리가 있었다. 관상의 원리를 어떻게 받아들여야 할까?

관상의 원리가 받아들일 만하다면, 얼굴이 검붉은 사람은 육체적 고생을 하기 마련이다. 그런데 우리는 주위에서 얼굴이 검붉지만 육체적 고생을 하지 않고 편하게 살아가는 사람을 얼마든지 볼 수 있다. 관상의 원리가 받아들일 만하다면, 우리가 사람의 얼굴에 대해서 갖는 인상이란 한갓 선입견에 불과한 것이 아니다. 사람의 인상이 평생에 걸쳐 고정되어 있다고 할 수 있는 경우에만 관상의 원리는 받아들일 만하다. 또한 관상의 원리가 받아들일 만하지 않다면, 관상의 원리에 대한 과학적 근거를 찾으려는 노력은 헛된 것이다. 실제로 많은 사람들이 관상의 원리가 과학적 근거를 가질 것이라고 기대한다. 그런데 우리는 자주 관상가의 판단이 받아들일 만하다고 느끼고, 그런 느낌 때문에 관상의 원리가 과학적 근거를 가질 것이라고 기대하는 것이다. 관상의 원리가 실제로 과학적 근거를 갖는지의 여부는 논외로 하더라도, 관상의 원리에 대하여 과학적 근거가 있을 것이라고 기대하는 사람은 관상의 원리에 의존하는 것이 우리의 삶에 위안을 주는 필요조건 중의 하나라고 믿는다.

보기

ㄱ. 관상의 원리는 받아들일 만한 것이 아니다.
ㄴ. 우리가 사람의 얼굴에 대해서 갖는 인상이란 선입견에 불과하다.
ㄷ. 사람의 인상은 평생에 걸쳐 고정되어 있다고 할 수 있다.
ㄹ. 관상의 원리에 대한 과학적 근거를 찾으려는 노력은 헛된 것이다.

① ㄱ, ㄹ
② ㄴ, ㄷ
③ ㄷ, ㄹ
④ ㄱ, ㄴ, ㄹ
⑤ ㄱ, ㄴ, ㄷ, ㄹ

ㄱ. 설문에서 제시된 글의 내용이 참이라고 하였는데, 둘째 단락의 '관상의 원리가 받아들일 만하다면, 얼굴이 검붉은 사람은 육체적 고생을 하기 마련이다. 그런데 우리는 주위에서 얼굴이 검붉지만 육체적 고생을 하지 않고 편하게 살아가는 사람을 얼마든지 볼 수 있다'는 부분이 참이라고 한다면, 관상의 원리는 받아들일 만한 것이 아니라고 할 수 있다. 따라서 'ㄱ'은 참이 된다.

ㄹ. 둘째 단락의 '관상의 원리가 받아들일 만하지 않다면, 관상의 원리에 대한 과학적 근거를 찾으려는 노력은 헛된 것이다'가 참이므로, 'ㄹ(관상의 원리에 대한 과학적 근거를 찾으려는 노력은 헛된 것이다)'도 반드시 참이 된다.

오답 해설

ㄴ. 둘째 단락에서 '관상의 원리가 받아들일 만하다면, 우리가 사람의 얼굴에 대해서 갖는 인상이란 한갓 선입견에 불과한 것이 아니다'가 참인 명제라 할 때, 이 명제의 대우인 "우리가 사람의 얼굴에 대해서 갖는 인상이 한갓 선입견에 불과한 것이라면, 관상의 원리는 받아들일 만한 것이 아니다"는 참이 되며, 이 명제의 이인 "관상의 원리가 받아들일 만하지 않다면, 우리가 사람의 얼굴에 대해서 갖는 인상이란 한갓 선입견에 불과하다"는 반드시 참이라 할 수 없다. 'ㄱ'에서 보았듯이 '관상의 원리는 받아들일 만한 것이 아니다'는 항상 참이므로, 'ㄴ(우리가 사람의 얼굴에 대해서 갖는 인상이란 선입견에 불과하다)'은 항상 참이라고 할 수 없다.

ㄷ. 둘째 단락의 '사람의 인상이 평생에 걸쳐 고정되어 있다고 할 수 있는 경우에만 관상의 원리는 받아들일 만하다'가 참이므로, 그 대우 명제인 "관상이 받아들일 만하지 않다면 사람의 인상이 평생에 걸쳐 고정되어 있다고 할 수 없다"도 반드시 참이 된다. 관상은 받아들일 만하지 않은 것이므로 'ㄷ(사람의 인상은 평생에 걸쳐 고정되어 있다고 할 수 있다)'은 참이 될 수 없다.

05 **다음은 ○○공사의 한 직원이 작성한 "도농(都農)교류 활성화 방안"이라는 보고서의 개요이다. 본론 I을 바탕으로 구성한 본론 II의 항목들로 적절하지 않은 것은?**

A. 서론
  1. 도시와 농촌의 현재 상황과 미래 전망
  2. 생산적이고 쾌적한 농촌 만들기를 위한 도농교류의 필요성
B. 본론 I : 현재 실시되고 있는 도농교류제도의 문제점
  1. 행정적 차원
    1) 소규모의 일회성 사업 난립
    2) 지속적이고 안정적인 농림축산식품부 예산 확보 미비
    3) 농림축산식품부 내 일원화된 추진체계 미흡
  2. 소통적 차원
    1) 도시민들의 농촌에 대한 부정적 인식
    2) 농민들의 시장상황에 대한 정보 부족
C. 본론 II : 도농교류 활성화를 위한 추진과제

D. 결론

① 지역별 브랜드화 전략을 통한 농촌 이미지 제고
② 도농교류사업 추진 건수에 따른 지방 교부금 배정
③ 1사1촌(1社1村) 운동과 같은 교류 프로그램 활성화
④ 도농교류 책임기관으로서 농림축산식품부 농업정책국 산하에 도농교류센터 신설
⑤ 농촌 기초지자체와 대도시 자치구의 연계사업을 위한 장기적 정책지원금 확보

정답해설 본론 I에서 현행 도농교류제도의 문제점으로 소규모의 일회성 사업이 난립하고 있다는 것과 농림축산식품부의 지속적이고 안정적인 예산 확보가 미비하다는 것을 지적하였는데, ②는 모두 이러한 문제점을 해소하는 방안이 될 수 없다. 즉, 도농교류의 추진 건수를 따라 지방 교부금을 배정하는 경우 추진 건수를 늘리기 위해 오히려 일회성 사업이 더욱 난립할 우려가 있다. 또한 지방 교부금은 국가(중앙정부)가 지방자치단체의 행정운영에 필요한 재정을 지원하기 위해 지급하는 교부금으로, 농림축산식품부의 지속적이고 안정적인 예산 확보 방안과는 직접적인 관련이 없다. 따라서 ②는 본론 I의 문제점을 바탕으로 하는 추진 과제로 적절하지 않다.

오답해설 ① 지역별 브랜드화 전략을 통한 농촌 이미지 제고방안은 도시민들의 농촌에 대한 부정적 인식을 감소시키고 도농교류 활성화에도 기여할 수 있는 방안이 될 수 있다.
③ 1사1촌(1社1村) 운동과 같은 교류 프로그램 활성화하는 경우 지속적인 관심과 교류가 가능하다는 점에서 소규모의 일회성 사업의 난립 해소에 기여할 수 있다.
④ 도농교류 책임기관으로서 농림축산식품부 내에 도농교류센터를 신설하는 것은 본론 I에서 지적된 농림축산식품부 내 일원화된 추진체계 미흡 문제를 해소하여 일관성 및 책임성을 갖춘 사업진행이 가능하게 될 것이다.
⑤ 농촌 기초지자체와 대도시 자치구의 연계사업을 위한 장기적 정책지원금 확보를 통해 지속적이고 안정적인 예산확보가 가능하며, 농민들의 시장상황에 대한 정보 부족문제도 완화할 수 있을 것이다.

06 다음 글에서 제시하는 상징의 역할과 특징이 드러나지 않은 것은?

우리가 정의한 커뮤니케이션의 본질은 인간이 상징을 만드는 존재라는 사실이다. 이러한 상징을 만드는 능력 때문에 일상적인 상호작용이 가능하다. 상징은 또한 세대 간에 이루어지는 문화의 전승을 도와준다. 우리들은 상징을 통해 자신의 내적 상태를 다른 사람과 나눈다. 다른 동물들도 커뮤니케이션 과정에 참여할지도 모르나 그 어떤 것도 사람이 지닌 독특한 커뮤니케이션 능력을 갖고 있지 못하다. 수백만 년간의 신체적 진화와 수천 년간의 문화적 진화를 통해 우리 인간은 상징을 만들고, 수신하고, 저장하고, 처리한다. 이 정교한 시스템으로 인해 우리는 무엇인가를 나타내는데 상징 – 그것이 소리든지 종이 위의 기호든지 동상, 점자, 동작 또는 그림이든지 간에 – 을 사용할 수 있게 되었다.

① 철수는 아리스토텔레스의 『시학』을 읽고 문학도가 되기로 결심한다.
② 철수는 힘들 때면 영희에게 편지를 쓴다.
③ 철수는 자기가 기르는 강아지를 박수를 쳐서 부른다.
④ 철수는 마을에 들어서면서 마을입구의 오래된 느티나무를 바라보았다.
⑤ 철수는 맛있는 음식을 먹기 전에 사진을 찍어 보관하는 습관이 있다.

정답해설 느티나무를 바라보는 행위는 글에서 제시한 상징이 사용된 행위로 보기 어렵다. 따라서 상징의 역할과 특징이 드러나지 않은 것은 ④이다.

오답해설 ① 종위 위의 기호도 상징에 해당한다고 하였으므로, 아리스토텔레스의 『시학』도 상징에 해당한다. 『시학』을 읽음으로써 세대 간에 이루어지는 문화의 전승이 이루어진 것이라 할 수 있으므로, 상징의 역할을 수행한 것으로 볼 수 있다.
② 편지(편지에 쓰는 문자)도 상징에 해당하며, 힘들 때에 편지를 씀으로써 자신의 내적 상태를 다른 사람과 나눌 수 있게 된다.
③ 동작도 상징에 해당한다고 하였으므로, 박수를 쳐서 강아지를 부르는 행위도 상징을 통한 일상적인 상호작용 또는 커뮤니케이션 작용이 될 수 있다.
⑤ 철수는 맛있는 음식을 먹기 전에 사진을 찍어 보관하는 습관이 있다.

07 다음 글의 내용에 가장 부합하는 것은?

상 · 하원 의원 여러분, 누군가가 여러분들에게 당신들의 이 명령이 학자들을 의기소침하게 만든다는 주장은 과장해서 하는 말이고 실제로는 그렇지 않다고 말할지도 모른다. 나는 이런 주장을 하지 못하도록 이런 종류의 엄격한 심문이 횡포를 부리고 있는 다른 나라에서 내가 보고 들은 바를 열거해서 말할 수 있다.

나는 영예스럽게도 그 나라의 학자들과 자리를 같이 한 바 있는데, 그들로부터 나는 철학적인 자유가 있는 영국과 같은 나라에서 태어난 행복한 사람으로 대접을 받았다. 반면 그들의 학문은 노예상태에 있으며 그들은 그저 이를 슬퍼할 뿐이었다. 이것이 이탈리아에서 지혜의 영광을 시들게 한 원인이었다. 그 곳에서는 지난 여러 해 동안 아첨과 과장을 하는 글 이외에는 다른 아무 것도 씌어지지 않았다.

그 곳에서 나는 종교재판에 회부되어 연금 상태에 있는 노년의 갈릴레이를 방문한 바 있다. 그는 성 프란체스코와 성 도미니크의 허가관(許可官)들이 생각한 것과는 다른 천문학을 연구했다는 이유로 종교재판에 회부되어 죄수로 지내고 있다. 그리고 나는 그 당시 고위성직자들의 속박 아래서 영국이 극심한 신음소리를 내고 있다는 것을 알고 있었지만 그럼에도 불구하고 나는 그것을 다른 나라 사람들이 그토록 감명을 받고 있는 영국의 자유에 대한 상징으로 받아들였다.

그럼에도 불구하고 만일 이 나라에서 살아 숨 쉬고 있는 현인(賢人)들에 대한 나의 기대가 지나친 것이라면 누가 지도자로서 이 세상이 끝날 때까지 어떤 대변혁이 일어나더라도 결코 잊혀지지 않을 그러한 일을 할 것인가. 허가명령이 처음 만들어지려 할 때 나는 이를 별로 걱정하지 않았다. 왜냐하면 의회가 소집되면 내가 다른 나라에서 들었던 것과 같은 종교재판에 대한 식자(識者)들의 반대와 불만의 소리가 국내에서도 나오게 될 것이라는 것을 의심하지 않았기 때문이다.

① 이 글의 필자는 양심의 자유를 주장하고 있다.
② 이 글의 필자는 종교의 자유를 주장하고 있다.
③ 이 글의 필자는 출판의 자유를 주장하고 있다.
④ 이 글의 필자는 집회 · 결사의 자유를 주장하고 있다.
⑤ 이 글의 필자는 예술의 자유를 주장하고 있다.

제시문의 첫째 단락에서 필자는 상 · 하원 의원들의 명령이 학자들을 의기소침하게 만들지 않는다는 주장에 대해 반박하고, 그러한 종류의 엄격한 심문이 횡포를 부리고 있는 다른 나라에서 경험 바를 말하겠다고 했다. 둘째 단락에서는 다른 나라의 예로 이탈리아를 들고, 그곳에서는 여러 해 동안 아첨과 과장하는 글 이외에 아무것도 쓰이지 않았다고 했다. 이상을 통해 볼 때, 필자가 글에서 주장하는 자유로 가장 알맞은 것은 출판의 자유이다. 출판의 자유는 사상이나 의견을 언어 · 문자 등을 통해 불특정 다수인에게 표명하거나 전달하는 자유를 말하므로, 아첨과 과장하는 글만 쓰이는 상황은 이러한 출판의 자유가 억압되는 상황이라 할 수 있다.

08 다음 글에서 알 수 있는 내용으로 적절한 것은?

경제학자들은 환경자원을 보존하고 환경오염을 억제하는 방편으로 환경세 도입을 제안했다. 환경자원을 이용하거나 오염물질을 배출하는 제품에 환경세를 부과하면 제품 가격 상승으로 인해 그 제품의 소비가 감소함에 따라 환경자원을 아낄 수 있고 환경오염을 줄일 수 있다.

일부에서는 환경세가 소비자의 경제적 부담을 늘리고 소비와 생산의 위축을 가져올 수 있다고 우려한다. 그러나 많은 경제학자들은 환경세 세수만큼 근로소득세를 경감하는 경우 환경보존과 경제성장이 조화를 이룰 수 있다고 본다.

환경세는 환경오염을 유발하는 상품의 가격을 인상시킴으로써 가계의 경제적 부담을 늘려 실질소득을 떨어뜨리는 측면이 있다. 하지만 환경세 세수만큼 근로소득세를 경감하게 되면 근로자의 실질소득이 증대되고, 그 증대효과는 환경세 부과로 인한 상품가격 상승효과를 넘어설 정도로 크다. 왜냐하면 상품가격 상승으로 인한 경제적 부담은 연금생활자나 실업자처럼 고용된 근로자가 아닌 사람들 사이에도 분산되는 반면, 근로소득세 경감의 효과는 근로자에게 집중되기 때문이다. 근로자의 실질소득 증대는 사실상 근로자의 실질임금을 높이고, 이것은 대체로 노동공급을 증가시키는 경향이 있다.

또한, 환경세가 부과되더라도 노동수요가 늘어날 수 있다. 근로소득세 경감은 기업의 입장에서 노동이 그만큼 저렴해지는 효과가 있다. 더욱이 환경세는 노동자원보다는 환경자원의 가격을 인상시켜 상대적으로 노동을 저렴하게 하는 효과가 있다. 이렇게 되면 기업의 노동수요가 늘어난다.

정답 07 ③ | 08 ②

결국 환경세 세수를 근로소득세 경감으로 재순환시키는 조세구조 개편은 한편으로는 노동의 공급을 늘리고, 다른 한편으로는 노동에 대한 수요를 늘린다. 이것은 고용의 증대를 낳고, 결국 경제 활성화를 가져온다.

① 환경세의 환경오염 억제 효과는 근로소득세 경감에 의해 상쇄된다.

② 환경세를 부과하더라도 그만큼 근로소득세를 경감할 경우, 근로자의 실질소득은 늘어난다.

③ 환경세 부과로 인한 상품가격 상승효과는 근로소득세 경감으로 인한 근로자의 실질소득 상승효과보다 크다.

④ 환경세를 부과할 경우 근로소득세 경감이 기업의 고용 증대에 미치는 효과가 나타나지 않는다.

⑤ 환경세를 부과하더라도 노동집약적 상품의 상대가격이 낮아진다면 기업의 고용은 늘어나지 않는다.

정답해설 제시문의 셋째 단락 '하지만 환경세 세수만큼 근로소득세를 경감하게 되면 근로자의 실질소득이 증대되고'에서 ②의 내용을 확인할 수 있다.

오답해설 ① 둘째 단락의 '그러나 많은 경제학자들은 환경세 세수만큼 근로소득세를 경감하는 경우 환경보존과 경제성장이 조화를 이룰 수 있다고 본다'를 통해볼 때, 환경세의 환경오염 억제 효과가 근로소득세 경감에 의해 상쇄된다고는 할 수 없다. 따라서 ①은 적절하지 않은 내용이다.

③ 셋째 단락의 '하지만 환경세 세수만큼 근로소득세를 경감하게 되면 근로자의 실질소득이 증대되고, 그 증대효과는 환경세 부과로 인한 상품가격 상승효과를 넘어설 정도로 크다'의 내용과 부합하지 않는다.

④ 넷째 단락에서 알 수 있다. 즉, 환경세가 부과되더라도 근로소득세 경감은 기업의 입장에서 노동이 그만큼 저렴해지는 효과가 있으므로, 기업의 노동수요가 늘어가게 되고 이는 고용 증대로 나타날 수 있다. 따라서 ④는 적절하지 않은 내용이다.

⑤ 넷째 단락의 '더욱이 환경세는 노동자원보다는 환경자원의 가격을 인상시켜 상대적으로 노동을 저렴하게 하는 효과가 있다. 이렇게 되면 기업의 노동수요가 늘어난다'를 통해 ⑤는 글의 내용과 부합하지 않음을 알 수 있다.

09 다음 글의 논지를 지지하는 진술로 적절한 것만을 아래 〈보기〉에서 모두 고르면?

과학과 예술이 무관하다는 주장의 첫 번째 근거는 과학과 예술이 인간의 지적 능력의 상이한 측면을 반영한다는 것이다. 즉 과학은 주로 분석 · 추론 · 합리적 판단과 같은 지적 능력에 기인하는 반면에, 예술은 종합 · 상상력 · 직관과 같은 지적 능력에 기인한다고 생각한다. 두 번째 근거는 과학과 예술이 상이한 대상을 다룬다는 것이다. 과학은 인간 외부에 실재하는 자연의 사실과 법칙을 다루기에 과학자는 사실과 법칙을 발견하지만, 예술은 인간의 내면에 존재하는 심성을 탐구하며, 미적 가치를 창작하고 구성하는 활동이라고 본다. 그러나 이렇게 과학과 예술을 대립시키는 태도는 과학과 예술의 특성을 지나치게 단순화하는 것이다. 과학이 단순한 발견의 과정이 아니듯이 예술도 순수한 창조와 구성의 과정이 아니기 때문이다. 과학에는 상상력을 이용하는 주체의 창의적 과정이 개입하며, 예술 활동은 전적으로 임의적인 창작이 아니라 논리적 요소를 포함하는 창작이다. 과학 이론이 만들어지기 위해 필요한 것은 냉철한 이성과 객관적 관찰만이 아니다. 새로운 과학 이론의 발견을 위해서는 상상력과 예술적 감수성이 필요하다. 반대로 최근의 예술적 성과 중에는 과학기술의 발달에 의해 뒷받침된 것이 많다.

보기

ㄱ. 과학자 왓슨과 크릭이 없었더라도 누군가 DNA 이중나선 구조를 발견하였겠지만, 셰익스피어가 없었다면 『오셀로』는 결코 창작되지 못 하였을 것이다.
ㄴ. 물리학자 파인만이 주장했듯이 과학에서 이론을 정립하는 과정은 가장 아름다운 그림을 그려나가는 예술가의 창작 작업과 흡사하다.
ㄷ. 입체파 화가들은 수학자 푸앵카레의 기하학 연구를 자신들의 그림에 적용하고자 하였으며, 이런 의미에서 피카소는 "내 그림은 모두 연구와 실험의 산물이다."라고 말하였다.

① ㄱ
② ㄷ
③ ㄱ, ㄴ
④ ㄴ, ㄷ
⑤ ㄱ, ㄴ, ㄷ

정답 09 ④

제시문의 중반부 이후 글의 논지가 제시되고 있다. 즉, 과학과 예술이 무관하다는 주장은 적절하지 않으며, 과학에도 예술적 상상력을 이용하는 창의적 과정이 개입하며 예술 활동도 전적으로 임의적인 창작이 아니라 과학의 논리적 요소를 포함하는 창작이라는 것이 글의 논지라 할 수 있다. 따라서 새로운 과학 이론의 발견을 위해서는 상상력과 예술적 감수성이 필요하며, 최근의 예술적 성과 중에도 과학기술의 발달에 의해 뒷받침된 것이 많다고 하였다. 이를 토대로 글의 논지를 지지하는 것을 살펴보면 다음과 같다.

ㄴ. 과학에서 이론을 정립하는 과정은 아름다운 그림을 그리는 예술가의 창작 작업과 흡사하다는 것은 논지의 태도를 지지하는 내용이 된다. 제시문의 후반부 '새로운 과학 이론의 발견을 위해서는 상상력과 예술적 감수성이 필요하다'라고 언급한 부분에서도 이를 확인할 수 있다.

ㄷ. 입체파 화가들이 자신의 그림에 수학자의 기하학 연구를 적용하고자 하였다는 것도 글의 논지를 지지하는 내용이 된다. 제시문 후반부의 '예술 활동은 전적으로 임의적인 창작이 아니라 논리적 요소를 포함하는 창작이다'와 '최근의 예술적 성과 중에는 과학기술의 발달에 의해 뒷받침된 것이 많다'라는 내용을 통해서도 이를 확인할 수 있다.

ㄱ. 과학과 예술의 영역이 무관하지 않고 서로 영향을 주고받을 수 있는 부분이 존재한다는 것이 글의 논지인데, 'ㄱ'은 이와 관련이 없는 내용이다.

10 다음 글의 내용과 부합하는 것은?

화랑도는 군사력 강화와 인재 양성을 위해 신라 진흥왕대에 공식화되었다. 화랑도는 신라가 삼국을 통일하기까지 국가가 필요로 하는 많은 인재를 배출하였다. 화랑도 내에는 여러 무리가 있었는데 각 무리는 화랑 한 명과 자문 역할의 승려 한 명 그리고 진골 이하 평민에 이르는 천 명 가까운 낭도들로 이루어졌다. 화랑은 이 무리의 중심인물로 진골 귀족 가운데 낭도의 추대를 받아 선발되었다. 낭도들은 자발적으로 화랑도에 가입하였으며 연령은 대체로 15세에서 18세까지였다. 수련 기간 동안 무예는 물론 춤과 음악을 익혔고, 산천 유람을 통해 심신을 단련하였다. 수련 중인 낭도들은 유사시에 군사 작전에 동원되기도 하였고, 수련을 마친 낭도들은 정규 부대에 편입되어 정식 군인이 되었다.

화랑도는 불교의 미륵 신앙과 결부되어 있었다. 진골 출신만이 될 수 있었던 화랑은 도솔천에서 내려온 미륵으로 여겨졌고 그 집단 자체가 미륵을 숭상하는 무리로 일컬어졌다.

화랑 김유신이 거느린 무리를 당시 사람들은 '용화향도'라고 불렀다. 용화라는 이름은 미륵이 인간세계에 내려와 용화수 아래에서 설법을 한다는 말에서 유래했으며, 향도는 불교 신앙 단체를 가리키는 말이다.

화랑도가 크게 활동하던 시기는 골품제라는 신분제도가 확립되고 확산되어 가던 시기였는데 화랑도는 신분 계층 사회에서 발생하기 쉬운 알력이나 갈등을 조정하는 데도 부분적으로 기여하였다. 이는 화랑도가 여러 신분 계층으로 구성되어 있으면서도 그 집단 자체가 하나의 목적과 가치를 공유하여 구성원 상호 간의 결속이 긴밀하게 이루어졌기 때문이다.

① 평민도 화랑이 될 수 있었다.
② 화랑도의 본래 이름은 용화향도였다.
③ 미륵이라고 간주되는 화랑은 여러 명이 있었다.
④ 낭도는 화랑의 추천을 거쳐 화랑도에 가입하였다.
⑤ 화랑도는 신라의 신분제도를 해체하는 데 기여하였다.

1DAY 2DAY 3DAY

정답 해설 둘째 단락의 '진골 출신만이 될 수 있었던 화랑은 도솔천에서 내려온 미륵으로 여겨졌고'에서 화랑은 미륵으로 간주되었다는 것을 알 수 있다. 또한 '화랑 김유신이 거느린 무리를 당시 사람들은 '용화향도'라고 불렀다. 용화라는 이름은 미륵이 인간세계에 내려와 용화수 아래에서 설법을 한다는 말에서 유래했으며'에서 김유신은 '용화'라는 미륵으로 여겨졌다는 것을 알 수 있다. 따라서 미륵이라고 간주되는 화랑은 화랑도가 여러 개 있었던 것처럼 여러 명이 존재했었다는 사실을 짐작할 수 있다. 따라서 ③은 글의 내용에 부합한다.

오답 해설
① 첫째 단락의 '화랑도 내에는 여러 무리가 있었는데 각 무리는 화랑 한 명과 자문 역할의 승려 한 명 그리고 진골 이하 평민에 이르는 천 명 가까운 낭도들로 이루어졌다. 화랑은 이 무리의 중심인물로 진골 귀족 가운데 낭도의 추대를 받아 선발되었다'라는 사실과 부합하지 않는다. 즉, 평민은 화랑도의 낭도가 될 수는 있었지만, 화랑은 진골 출신만이 될 수 있었다.
② 셋째 단락의 내용과 부합하지 않는다. 즉, '용화향도'는 화랑 김유신이 거느린 무리를 부르는 말이었으며, 화랑도의 본래 이름이 아니다.
④ 첫째 단락의 '낭도들은 자발적으로 화랑도에 가입하였으며 연령은 대체로 15세에서 18세까지였다'라는 내용과 배치된다.
⑤ 마지막 단락에서 '화랑도는 신분 계층 사회에서 발생하기 쉬운 알력이나 갈등을 조정하는 데도 부분적으로 기여하였다'고 하였으므로, 화랑도가 신라의 신분제도를 해체하는 데 기여하였다는 것은 글의 내용과 부합하지 않는다.

정답 10 ③

11 다음 글의 연결 순서로 가장 자연스러운 것은?

가. "인력이 필요해서 노동력을 불렀더니 사람이 왔더라."라는 말이 있다. 인간을 경제적 요소로만 단순하게 생각했으나, 이에 따른 인권문제, 복지문제, 내국인과 이민자와의 갈등 등이 수반된다는 말이다. 프랑스처럼 우선 급하다고 이민자를 선별하지 않고 받으면 인종 갈등과 이민자의 빈곤화 등 많은 사회비용이 발생한다.

나. 이제 다문화 정책의 패러다임을 전환해야 한다. 한국에 들어온 다문화 가족을 적극적으로 지원해야 한다. 다문화 가족과 더불어 살면서 다양성과 개방성을 바탕으로 상생의 발전을 도모해야 한다. 그리고 결혼 이민자만 다문화 가족으로 볼 것이 아니라 외국인 근로자와 유학생, 북한 이탈 주민까지 큰 틀에서 함께 보는 것도 필요하다.

다. 다문화 정책의 핵심은 두 가지이다. 첫째, 새로운 사회에 적응하려는 의지가 강해서 언어 배우기, 일자리, 문화 이해에 매우 적극적인 태도를 지닌 좋은 인력을 선별해서 입국하도록 하는 것이다. 둘째, 이민자가 새로운 사회에 잘 정착할 수 있도록 사회통합에 주력해야 하는 것이다. 해외 인구 유입 초기부터 사회비용을 절약할 수 있는 사람들을 들어오게 하는 것이 중요하기 때문이다.

라. 이미 들어온 이민자에게는 적극적인 지원을 해야 한다. 언어와 문화, 환경이 모두 낯선 이민자에게는 이민 초기에 세심한 배려가 필요하다. 특히 중요한 것은 다문화 가족이 그들이 가지고 있는 강점을 활용하여 취약 계층이 아닌 주류층으로 설 수 있도록 지원해야 한다. 뿐만 아니라 이민자에 대한 지원 시기를 놓치거나 차별과 편견으로 내국인에게 증오감을 갖게 해서는 안 된다.

① 다 – 라 – 나 – 가
② 라 – 다 – 나 – 가
③ 다 – 나 – 라 – 가
④ 라 – 가 – 다 – 나
⑤ 다 – 가 – 라 – 나

정답해설 다. 가장 먼저 올 수 있는 내용으로는 주로 글 전체의 내용의 도입부가 될 수 있는 일반적 진술이나, 글의 내용과 관련된 문제를 제기하는 내용이 될 수 있다. 제시문은 다문화 정책에 관한 내용이므로, '다'와 '라' 중에서 다문화 정책의 핵심 내용을 진술하는 '다'가 먼저 오는 것이 자연스럽다. '라'는 먼저 이미 들어온 이민자에 대한 내용이 와야 하므로 첫째 단락으로는 어울리지 않는다. '다'에서는 다문화 정책의 핵심 내용으로 적응 의지가 강하고 문화 이해에 적극적인 좋은 인력을 선별해 입국하도록 하는 것과 이민자가 새로운 사회에 잘 정착할 수 있도록 사회통합에 주력해야 한다는 내용을 제시하였다.

가. '다'의 마지막 문장에서 해외 인구 유입 초기부터 사회비용을 절약할 수 있는 사람들을 들어오게 하는 것이 중요하다고 하였는데, '가'는 이러한 "사회비용"에 관한 예를 들고 있으므로 '다 – 가'의 순서로 이어지는 것이 자연스럽다.

라. '라'에서는 들어온 이민자에게 적극적인 지원을 해야 한다는 내용을 제시하고 있는데, 이는 앞의 '다'에서 언급한 다문화 핵심 정책의 두 번째 내용인 이민자 정착을 위한 사회통합과 관련된 내용이다. 따라서 '라'는 '다'와 '가' 다음에 이어지는 것이 자연스럽다.

나. '나'는 다문화 정책의 패러다임 전환과 관련하여 다문화 가족에 대한 적극적 지원과 상생 발전의 도모에 대해 언급하였는데, 글의 결론에 해당한다고 볼 수 있으므로, 가장 마지막에 이어지는 것이 자연스럽다.

따라서 글의 연결 순서로 가장 자연스러운 것은 ⑤이다.

1DAY 2DAY 3DAY

12 다음 〈개요〉에 따라 보고서를 작성할 때, 현황 분석 부분에 들어갈 내용만을 아래 〈보기〉에서 모두 고르면?

〈개요〉

Ⅰ. 서론 : 정책 제안 배경

Ⅱ. 본론 : 현황 분석과 정책 방안

1. 현황 분석
   - ○ 연말정산 자동계산 프로그램 사용 방법의 복잡성과 그에 대한 설명 부재로 인해 이용자 불만 증가
   - ○ 연말정산 기간 중 세무서에 연말정산 자동계산 프로그램 사용 방법에 관한 상담 수요 폭증
2. 정책 방안
   - ○ 문제점을 개선한 프로그램 개발과 활용 매뉴얼 보급
   - ○ 연말정산 자동 상담 시스템 개발

Ⅲ. 결론 : 예상되는 효과 전망

보기

ㄱ. 연말정산 자동 상담 시스템을 개발할 경우 15%의 이용자 불만 감소 효과가 전망된다.
ㄴ. 연말정산 기간을 정확하게 알지 못해 마감 기한이 지나서 세무서를 방문하는 사람이 전년 대비 15% 증가하였다.
ㄷ. 연말정산 기간 중 세무서 전체 월 평균 상담 건수는 약 128만 건으로 평상시 11만 건보다 크게 증가했는데, 그 이유는 연말정산 자동계산 프로그램 사용 방법에 관한 문의 전화가 폭주했기 때문이다.

① ㄱ
② ㄷ
③ ㄱ, ㄴ
④ ㄴ, ㄷ
⑤ ㄱ, ㄴ, ㄷ

정답 해설 제시된 〈개요〉의 현황 분석 내용은 연말정산 자동계산 프로그램이 복잡하여 그에 대한 불만이 증가하고, 사용 방법에 대한 상담 수요도 폭증하고 있다는 것이다. 따라서 연말정산 기간 중 세무서의 월 평균 상담 건수보다 크게 증가하고, 그것이 연말정산 자동계산 프로그래의 사용 방법에 대한 문의 전화 때문이라는 것은 현황 분석에 들어갈 내용으로 적합하다.

오답 해설 ㄱ. 연말정산 자동 상담 시스템의 개발은 연말정산 자동계산 프로그램 사용 방법의 복잡성을 해결할 수 있는 방법이 되지 못하므로, 제시된 현황 분석에 적합한 내용은 아니다. 또한 감소 효과에 대한 전망은 결론에 들어갈 수 있는 내용이라 할 수 있다.
ㄴ. 연말정산 기간을 정확하게 알지 못하는 것과 연말정산 자동계산 프로그램 사용 방법의 복잡성을 해결 방안은 직접적인 관련성이 없는 내용이다.

13 다음의 빈칸 안에 들어갈 말로 가장 적절한 것은?

그에게 진짜 불행을 가져다 준 것은 어쩌면 8 · 15 광복이라고나 해야 할는지도 모른다. 조국의 광복은 우선 내 조부를 몰락시켰다. 그의 위엄은 하루아침에 땅에 떨어져서 헌 짚신짝처럼 짓밟혔고, 근동 세 마을을 먹여 살린다던 그 많던 가산들도 온통 거덜이 나 버렸던 것이다. 하지만 그것까지는 그래도 어쩔 수 없는 세상 탓으로 돌릴 수 있었을는지도 모른다. 그러나 전에는 [　　　　　　]이기는 할지언정 그의 앞에선 감히 얼굴조차 바로 쳐들지 못하던 소작인이며 하인배들에게 급기야는 가혹한 조리돌림까지 당해야 했던 그는 마지막 임종의 순간까지도 그날의 수모를 삭히지 못한 채 그들이 자신의 상여 메는 것조차 유언으로 거부했던 터였다.

① 곡학아세(曲學阿世)　　② 권토중래(捲土重來)
③ 부화뇌동(附和雷同)　　④ 면종복배(面從腹背)
⑤ 허장성세(虛張聲勢)

정답해설 빈칸 다음의 '그의 앞에선 감히 얼굴조차 바로 쳐들지 못하던 소작인이며 하인배들에게 급기야는 가혹한 조리돌림까지 당해야 했던'을 통해 추론할 수 있다. 즉, 해방 전에는 그의 앞에서 감히 얼굴조차 바로 쳐들지 못하던 사람들이 해방 이후에는 그에게 조리돌림까지 했다는 것으로 보아, 빈칸에는 '면종복배(面從腹背)'가 들어가는 것이 가장 적절하다. '면종복배(面從腹背)'는 '겉으로는 복종하는 체하면서 속으로 배반함'을 의미한다. 여기서 '조리돌림'은 '죄인의 죄를 벌하기 위해 죄인의 죄상을 노골적으로 드러낸 채 끌고 돌아다니면서 망신을 주는 행위'를 말한다.

오답해설
① '곡학아세(曲學阿世)'는 '바른 길에서 벗어난 왜곡된 학문으로 세상 사람에게 아첨함'을 의미하므로, 빈칸에 어울리지 않는다.
② '권토중래(捲土重來)'는 '한번 실패한 후 다시 도전하여 성공함'을 의미한다.
③ '부화뇌동(附和雷同)'은 '줏대 없이 남의 의견에 따라 움직임'을 의미한다.
⑤ '허장성세(虛張聲勢)'는 '실속은 없으면서 큰소리치거나 허세를 부림'을 의미한다.

정답 13 ④

14 다음을 모두 참이라고 가정할 때, ○○○○공사가 회의를 반드시 개최해야 하는 날의 수는?

(가) ○○○○공사의 회의는 다음 주에 개최한다.
(나) 월요일에는 회의를 개최하지 않는다.
(다) 화요일과 목요일에 회의를 개최하거나 월요일에 회의를 개최한다.
(라) 금요일에 회의를 개최하지 않으면, 화요일에도 회의를 개최하지 않고 수요일에도 개최하지 않는다.

① 0
② 1
③ 2
④ 3
⑤ 4

정답해설 (나)에서 월요일에는 회의를 개최하지 않는다고 했으므로, (다)를 통해 화요일과 목요일에 회의가 개최한다는 것을 알 수 있다. (라) 명제의 대우는 "화요일에 회의를 개최하거나 수요일에 개최하면, 금요일에도 회의를 개최한다"가 된다. 이것도 참이 되는데, 화요일에 회의를 개최하므로 금요일에도 개최하게 된다. 따라서 ○○○○공사가 회의를 개최해야 하는 날은 '화요일, 목요일, 금요일'의 3일이 된다.

15 A팀장의 추론이 올바를 때, 다음 글의 빈칸에 들어갈 진술로 적절한 것만을 〈보기〉에서 모두 고르면?

A팀장은 인사과에서 인사고과를 담당하고 있다. 그는 올해 우수 직원을 선정하여 표창하기로 했으니 인사고과에서 우수한 평가를 받은 직원을 후보자로 추천하라는 과장의 지시를 받았다. 평가 항목은 대민봉사, 업무역량, 성실성, 청렴도이고 각 항목은 상(3점), 중(2점), 하(1점)로 평가한다. A팀장이 추천한 표창 후보자는 갑돌, 을순, 병만, 정애 네 명이며, 이들이 받은 평가는 다음과 같다.

	대민봉사	업무역량	성실성	청렴도
갑돌	상	상	상	하
을순	중	상	하	상
병만	하	상	상	중
정애	중	중	중	상

A팀장은 네 명의 후보자에 대한 평가표를 과장에게 제출하였다. 과장은 "평가 점수 총합이 높은 순으로 선발한다. 단, 동점자 사이에서는 [   ]"라고 하였다. A팀장은 과장과의 면담 후 이들 중 세 명이 표창을 받게 된다고 추론하였다.

보기

ㄱ. 두 개 이상의 항목에서 상의 평가를 받은 후보자를 선발한다.

ㄴ. 청렴도에서 하의 평가를 받은 후보자를 제외한 나머지 후보자를 선발한다.

ㄷ. 하의 평가를 받은 항목이 있는 후보자를 제외한 나머지 후보자를 선발한다.

① ㄱ　　② ㄷ

③ ㄱ, ㄴ　　④ ㄴ, ㄷ

⑤ ㄱ, ㄷ

정답해설 갑돌, 을순, 병만, 정애 네 후보가 받은 항목별 점수를 계산하면, 각각 10점, 9점, 9점, 9점이 된다. A팀장은 과장과의 면담 후 이들 중 세 명이 표창을 받게 된다고 추론하였다고 했으므로, 갑돌을 제외한 3명 중 2명이 표창을 받을 후보자로 선발된다는 것을 알 수 있다. 이를 토대로 〈보기〉에 제시된 내용을 빈칸에 대입해 보면 다음과 같다.

ㄱ. 두 개 이상의 항목에서 '상'의 평가를 받은 후보자를 선발하는 경우, 을순, 병만, 정애 중 을순과 병만이 선발되고, 정애는 선발되지 않는다는 것을 알 수 있다. 이 경우 갑순까지 총 3명이 선발되는 것을 의미하므로, 'ㄱ'은 적절한 진술이 된다.

ㄴ. 을순, 병만, 정애 중 청렴도에서 하의 평가를 받은 후보자는 없다. 따라서 적절한 진술이 될 수 없다.

ㄷ. 세 사람 중 하의 평가를 받은 항목이 있는 후보자는 을순과 병만 두 명이다. 따라서 이도 빈칸에 적절한 진술이 될 수 없다.

따라서 글의 빈칸에 들어갈 진술로 적절한 것을 고르면 'ㄱ'뿐이다.

16 다음 중 토론자들의 주장을 가장 적절하게 분석한 것은?

사회 : 최근 보이스피싱 범죄가 모든 금융권으로 확산되면서 피해액이 늘어나고 있습니다. 이에 금융 당국이 은행에도 일부 보상 책임을 지게 하는 방안을 검토하는 것으로 알려지고 있습니다. 이에 대해 어떻게 생각하십니까?

영수 : 개인들이 자신의 정보를 잘못 관리한 책임까지 은행에서 진다는 것은 문제가 있습니다. 도와드릴 수 있다면 좋겠지만 은행 입장에서도 한계가 있는 부분이 있어 안타까울 뿐입니다.

민수 : 소비자들이 자신의 개인 정보 관리에 다소 부주의함이 있다는 것은 인정합니다. 그러나 개인의 부주의를 얘기하는 것보다는 정부가 근본적인 해결책을 모색하는 것이 더욱 시급합니다.

① 영수와 달리, 민수는 보이스피싱 피해에 대한 책임을 소비자에게만 전가해서는 안 된다고 생각한다.

② 영수와 민수는 보이스피싱 범죄의 확산에 대한 일차적 책임이 은행과 정부에 있다고 생각한다.

③ 영수와 민수는 보이스피싱 범죄로 인한 피해를 방지하기 위해 은행에서 노력하고 있다고 생각한다.

④ 영수는 보이스피싱 범죄를 근본적으로 해결하기 위해 은행의 역할을, 민수는 정부의 역할을 강조한다.

⑤ 민수와 달리, 영수는 개인의 정보 관리 과실을 따지는 것은 근본적인 해결책이 되지 못한다고 생각한다.

정답 해설 영수는 개인들이 자신의 정보를 잘못 관리하여 발생한 보이스피싱 피해 문제를 은행이 책임진다는 것은 문제가 있다고 하여, 은행의 입장을 대변하고 있다. 이에 비해 민수는 개인의 정보 관리에 대한 부주의를 인정하지만, 이러한 접근보다는 정부 차원의 근본적인 해결책 모색이 시급하다고 주장하고 있다. 결국 영수와 달리, 민수는 보이스피싱 피해에 대한 책임을 소비자에게만 전가해서는 안 된다고 생각하고 있다. 따라서 ①이 적절한 추론이 된다.

오답 해설 ② 영수는 개인들의 정보 관리 책임을 은행이 지는 것은 문제가 있다고 하였으므로, 보이스피싱 범죄 확산에 대한 일차적 책임이 은행에 있다고 생각한다는 것은 적절한 추론이 아니다.

③ 은행에서 보이스피싱 범죄 피해를 방지하게 위해 노력하고 있다는 내용은 제시된 글에서 언급되지 않았다.

④ 영수는 보이스피싱 범죄 피해는 개인의 정보 관리의 과실로 발생한다고 생각하, 이러한 문제를 은행이 해결하는 것에는 한계가 있다고 하였다. 따라서 ④도 적절하지 않은 추론이다.

⑤ 개인의 정보 관리에서 발생하는 과실을 따지는 것보다 정부에 의한 근본적인 해결책 모색이 시급하다고 주장한 사람은 영수가 아니라 민수이다. 따라서 ⑤도 적절하지 않다.

1DAY 2DAY 3DAY

17 다음을 참이라고 가정할 때, 반드시 참인 것만을 아래 〈보기〉에서 모두 고르면?

- A, B, C, D 중 한 명의 근무지는 서울이다.
- A, B, C, D는 각기 다른 한 도시에서 근무한다.
- 갑, 을, 병 각각의 두 진술 중 하나는 참이고 다른 하나는 거짓이다.
- 갑은 "A의 근무지는 광주이다."와 "D의 근무지는 서울이다."라고 진술했다.
- 을은 "B의 근무지는 광주이다."와 "C의 근무지는 인천이다."라고 진술했다.
- 병은 "C의 근무지는 광주이다."와 "D의 근무지는 부산이다."라고 진술했다.

정답 16 ① | 17 ⑤

보기

ㄱ. A의 근무지는 광주이다.

ㄴ. B의 근무지는 서울이다.

ㄷ. C의 근무지는 인천이다.

① ㄱ
② ㄷ
③ ㄱ, ㄴ
④ ㄴ, ㄷ
⑤ ㄱ, ㄴ, ㄷ

갑, 을, 병 각각의 두 진술 중 하나는 참이고 다른 하나는 거짓이라고 하였으므로, 먼저 갑의 진술("A의 근무지는 광주이다."와 "D의 근무지는 서울이다")을 통해 진위 여부를 판단해 보면 다음과 같다.

㉠ 갑의 "A의 근무지는 광주이다."가 참이고 "D의 근무지는 서울이다."가 거짓인 경우

- A의 근무지는 광주이므로, 을의 진술("B의 근무지는 광주이다."와 "C의 근무지는 인천이다.") 중 "C의 근무지는 인천이다."가 참이 된다.
- C의 근무지는 인천이므로, 병의 진술("C의 근무지는 광주이다."와 "D의 근무지는 부산이다.") 중 "D의 근무지는 부산이다."가 참이 된다.
- A, B, C, D는 각기 다른 한 도시에서 근무한다고 했으므로, B의 근무지는 남은 한 도시인 서울이 된다.

따라서 이 경우 A는 광주, B는 서울, C는 인천, D는 부산이 각각의 근무지가 된다.

㉡ 갑의 "D의 근무지는 서울이다."가 참이고 "A의 근무지는 광주이다."가 거짓인 경우

- D의 근무지가 서울이므로, 병의 진술("C의 근무지는 광주이다."와 "D의 근무지는 부산이다.") 중 "C의 근무지는 광주이다."가 참이 된다.
- C의 근무지가 광주라는 사실은 을의 진술("B의 근무지는 광주이다."와 "C의 근무지는 인천이다.") 중 하나가 사실이라는 사실과 모순되므로, ㉡의 경우는 사실과 다르다.

따라서 ㉠의 경우가 참이 되므로, 'ㄱ, ㄴ, ㄷ'의 내용은 모두 참이 된다.

18 다음 관용어의 뜻으로 바른 것은?

말소리를 입에 넣다.

① 말을 조리 있게 하다.

② 상대방의 말이 이치에 맞지 않아 무시하다.

③ 남의 비난하는 소리를 참고 견디다.

④ 상대방이 하는 말을 가로막는다.

⑤ 다른 사람에게는 안 들리게 웅얼웅얼 낮은 목소리로 말하다.

정답 해설 '말소리를 입에 넣다.'는 '다른 사람에게 들리지 않도록 입안에서 웅얼웅얼 낮은 목소리로 말하다'라는 의미의 관용어이다. '입안의 소리로 말하다'도 같은 의미이다.

[19~20] 다음의 글을 읽고 물음에 답하시오.

LH는 청년 및 신혼부부를 위한 매입임대사업 시행을 위해 대상주택 매입 신청을 접수받는다고 밝혔다. 매입대상주택은 전용면적 60m^2 이하 및 감정평가 가격 3억원 이하(수도권은 4억원 이하)의 소형 아파트로서 감정평가는 대상주택 선정 후 LH에서 진행한다. 또한, 단지규모는 150세대 이상이고 수도권 전역과 5대 광역시 및 인구 10만 명 이상의 지방 시 · 군 지역에 소재해야 한다. 우량주택을 매입하기 위해 사용승인 기준 15년이 경과되거나 노후가 심한 주택, 개발이 예정되어 있거나 입지여건 등이 불량하여 사실상 장기임대가 어려운 주택 등은 매입하지 않는다. 권리관계가 해소되지 않아 즉시 입주가 불가능한 주택도 매입대상에서 제외된다.

금년에는 4월 9일(월)부터 4월 20일(금)까지 2주간 집중신청기간을 설정해 이 기간 접수한 주택에 대해 우선적으로 매입을 진행하므로 매도의사가 있는 집주인은 집중신청기간에 신청하는 것이 유리하다. 집중신청기간이 경과한 이후에는 수시접수를 통해 매입을 진행하며, 매입목표 2천호가 달성되면 매입을 중단한다.

정답 18 ⑤

아파트를 매도하고자 하는 집주인은 LH 홈페이지 공고문에 첨부된 신청서를 작성하여 아파트가 소재한 지역을 관할하는 LH 지역본부에 방문 또는 우편으로 신청하면 된다. 신청접수 후 서류심사 및 현장 실태조사, 감정평가 및 매매협의를 거쳐 최종 계약이 이루어지며 접수부터 소유권 이전까지 약 2개월 가량 소요될 예정이다. 주택매매계약은 주택도시기금에서 출자하여 설립한 ㈜청년희망임대주택위탁관리부동산투자회사(리츠)와 체결하며, 매입신청 및 계약 체결 등 실제 업무는 리츠와 자산관리위탁계약을 체결한 LH에서 맡게 된다.

청년 · 신혼부부 매입임대리츠 사업은 청년과 신혼부부의 주거비 절감 및 주거안정을 위해 2016년부터 도입되었다. 1순위 신혼부부(혼인합산기간 5년 이내, 예비신혼부부 포함), 2순위 만 40세 미만 청년, 3순위 일반에게 공급하며, 올해는 7월 경 별도로 공고할 예정이다. 신청자격은 도시근로자 월평균소득 100%(맞벌이는 120%) 이하의 무주택세대구성원이며, 10년 공공임대주택과 같은 부동산 및 자동차 자산요건 기준이 적용된다.

임대조건은 주변시세의 90% 수준으로, 임대보증금은 주택매입 가격의 50% 내에서 결정된다. 최장 10년까지 임대가 가능하고, 임대료 상승률이 연 1%이하로 안정적으로 거주할 수 있다. 임대기간이 종료된 후에는 리츠가 해당 주택의 일반매각(분양전환) 혹은 임대주택으로 계속 활용 여부를 결정한다.

19 다음의 설명 중 글의 내용과 부합하지 <u>않는</u> 것은?

① 부산광역시에 소재하는 면적 59m², 감정평가 가격이 3억인 아파트는 매입대상이다.
② 사용승인 기준이 14년 된 아파트도 매입대상에서 제외될 수 있다.
③ 빨리 매도할 의사가 있는 집주인은 금년 4월 20일까지 접수하여야 한다.
④ 주택에 대한 매입신청 및 계약 체결 등 실제 업무는 LH에서 맡게 된다.
⑤ 임대보증금은 주변시세의 90% 수준으로 결정되며, 임대료 상승에는 제한이 있다.

정답 해설 다섯째 단락에서 '임대조건은 주변시세의 90% 수준으로, 임대보증금은 주택매입 가격의 50% 내에서 결정된다'라고 하였다. 따라서 임대보증금은 주택매입 가격의 50% 내에서 결정된다. 따라서 ⑤는 글의 내용과 부합하지 않는다.

오답해설 ① 첫째 단락에서 '매입대상주택은 전용면적 $60m^2$ 이하 및 감정평가 가격 3억원 이하(수도권은 4억원 이하)의 소형 아파트'라고 했으므로, 부산광역시에 소재하는 면적 $59m^2$, 감정평가 가격이 3억인 아파트는 매입대상이 된다.

② 첫째 단락의 '우량주택을 매입하기 위해 사용승인 기준 15년이 경과되거나 노후가 심한 주택, 개발이 예정되어 있거나 입지여건 등이 불량하여 사실상 장기임대가 어려운 주택 등은 매입하지 않는다'에서 알 수 있는 내용이다. 즉 사용승인 기준이 15년 이내이더라도 노후 주택이나 개발 예정 등으로 인해 장기임대가 어려운 주택은 매입대상이 되지 않는다.

③ 둘째 단락에서 금년 4월 9일(월)부터 4월 20일(금)까지 2주간의 집중신청기간을 설정해 이 기간 접수한 주택에 대해 우선적으로 매입을 진행한다고 하였다. 따라서 빨리 매도하기 위해서는 이 기간 내에 접수하여야 한다. 따라서 ③은 글의 내용에 부합한다.

④ 셋째 단락의 마지막 문장에서 매입신청 및 계약 체결 등 실제 업무는 리츠와 자산관리위탁계약을 체결한 LH에서 맡게 된다고 하였다. 따라서 ④도 글의 내용에 부합한다.

1DAY 2DAY 3DAY

20 제시된 매입임대리츠 사업에서 선정될 가능성이 가장 높은 사람은?

① 도시근로자 월평균소득이 100%인 예비신혼부부

② 도시근로자 월평균소득이 80%인 30세의 청년

③ 혼인합산기간이 7년인 부부

④ 혼인합산기간이 3년인 1주택 소유자

⑤ 청약통장 1순위인 미혼 여성

정답해설 넷째 단락에서 청년 · 신혼부부 매입임대리츠 사업은 '1순위 신혼부부(혼인합산기간 5년 이내, 예비신혼부부 포함), 2순위 만 40세 미만 청년, 3순위 일반'의 공급 순위가 되며, 도시근로자 월평균소득 100%(맞벌이는 120%) 이하의 무주택세대구성원이 신청 자격이 있다고 하였다. 따라서 도시근로자 월평균소득이 100%인 예비신혼부부는 1순위 대상이 되므로, 선정될 가능성이 가장 높다고 할 수 있다.

오답해설 ② 도시근로자 월평균소득이 80%인 30세의 청년은 2순위 대상이다.

③ 혼인합산기간이 7년인 부부는 혼인합산기간의 초과로 3순위의 일반 대상자가 된다.

④ 무주택세대구성원만이 신청 자격이 있다고 하였으므로, 1주택 소유자는 신청 대상자에 해당하지 않는다.

⑤ 청약통장 1순위자에 대한 내용은 언급되지 않았으며, 미혼 여성의 나이를 알 수 없어 순위를 특정할 수도 없다.

정답 19 ⑤ | 20 ①

수리능력

[01~02] 다음은 2011년부터 2017년까지의 계절별 강수량 변화 현황에 대한 통계 자료이다. 이 자료를 토대로 하여 다음 물음에 답하시오.

[강수량 변화 현황]

(단위 : mm)

구분 \ 연도	2011	2012	2013	2014	2015	2016	2017
봄	284.3	320.5	442.2	263.4	225.0	289.8	259.0
여름	612.2	922.5	999.5	855.4	750.0	921.1	676.2
가을	208.1	177.7	370.7	275.6	263.1	165.7	485.8
겨울	104.8	128.7	74.5	82.7	85.1	83.7	85.3
합계	1,061.2	1,541.0	1,907.7	1,482.6	1,311.9	1,465.2	1,515.0

01 다음 설명 중 옳지 않은 것은?

① 강수량의 전년도 대비 변화 현황을 볼 때, 2015년에는 겨울만 다른 계절과 차이가 있다.
② 2011년 강수량과 2016년 강수량에서 가장 큰 차이를 보이는 계절은 여름이다.
③ 연도별 강수량의 차이가 가장 큰 계절은 여름이고, 가장 작은 계절은 겨울이다.
④ 2014년 강수량에서 전년 대비 감소폭이 가장 큰 계절의 경우 감소폭이 180mm가 넘는다.
⑤ 2011년과 비교할 때 2014년의 계절별 강수량 중 가장 적게 증가한 계절은 가을이다.

정답 해설 2014년 강수량의 전년 대비 감소폭은 가을에 가장 큰데, 감소폭은 '442.2－263.4＝178.8(mm)'이다. 따라서 180mm를 넘지 않는다.

① 2015년 강수량을 2014년 강수량과 비교해 볼 때, 다른 계절은 모두 감소했으나 겨울철만 증가했다. 따라서 옳은 설명이다.

② 2011년의 강수량과 2016년 강수량을 비교해 볼 때 여름의 강수량 차이가 가장 크다 (921.1－612.2＝299.9).

③ 연도별 강수량의 차이는 봄철이 '442.2－225.0＝217.2(mm)'이고,
여름철이 '999.5－612.2＝387.3(mm)', 가을철이 '485.8－165.7＝320.1(mm)',
겨울철이 '128.7－74.5＝54.2(mm)'이다. 따라서 연도별 강수량의 차이가 가장 큰 계절은 여름이고 가장 작은 계절은 겨울이다.

⑤ 2011년과 비교할 때, 2014년의 계절별 강수량에서 봄과 겨울에 감소하였고, 여름과 가을에는 강수량이 증가하였다. 여름과 가을 중 더 적게 증가한 계절은 가을이다(275.6－208.1＝67.5).

02 연도별 강수량 합계의 전년 대비 증가량이 두 번째로 많은 연도에서의 겨울 강수량 비율은 몇 %인가? (단, 소수점 셋째 자리에서 반올림한다.)

① 3.51%
② 3.72%
③ 3.91%
④ 4.83%
⑤ 5.73%

연도별 강수량 합계의 전년 대비 증가량은 2012년도가 가장 많고(1541.0－1,061.2＝479.8), 두 번째로 2013년도가 많다(1907.7－1541.0＝366.7).

2013년도의 겨울 강수량 비율은 연도별 강수량 합계에서 겨울 강수량이 차지하는 비율을 말한다. 따라서 이는, '$\frac{74.5}{1907.7} \times 100(\%) = 3.9052261\cdots(\%)$'이다. 이를 소수점 셋째 자리에서 반올림하면 '3.91(%)'이 된다.

[03~04] 다음은 도시별 인구와 컴퓨터 보유수를 나타낸 자료이다. 이를 토대로 다음 물음에 답하시오.

구 분	인구(만 명)	인구 100명당 컴퓨터 보유수(대)
A시	102	24
B시	80	15
C시	63	41
D시	45	30

03 **컴퓨터 보유수가 가장 많은 도시와 가장 적은 도시를 순서대로 맞게 나열한 것은?**

① A, B
② A, D
③ C, B
③ C, D
④ B, D

정답 해설 인구 만 명당 컴퓨터 보유수는 A시가 2,400대, B시가 1,500대, C시가 4,100대, D시가 3,000대이다. 따라서 도시별 컴퓨터 보유수를 구하면, A시의 컴퓨터 수는 '102×2,400=244,800(대)'이며, B시는 '80×1,500=120,000(대)', C시의 수는 '63×4,100=258,300(대)', D시의 수는 '45×3,000=135,000(대)'이다. 따라서 컴퓨터를 가장 많이 보유한 도시는 C이며, 가장 적게 보유한 도시는 B이다.

04 한 가구의 평균 가족 수를 4명이라고 할 때, 가구당 평균 1대 이상의 컴퓨터를 보유하고 있는 도시를 모두 고른 것은?

① C ② C, D

③ A, C, D ④ B, C, D

⑤ A, B, C, D

정답 해설 한 가구의 평균 가족 수를 4명이라고 할 때 A도시의 인구 100명당(25가구당) 컴퓨터 보유수가 24대이므로, 이 도시의 한 가구당 컴퓨터 보유수는 '$\frac{24}{25}=0.96$(대)'이다. B도시의 한 가구당 컴퓨터 보유수는 '$\frac{15}{25}=0.6$(대)', C도시의 경우 '$\frac{41}{25}=1.64$(대)', D도시의 경우 '$\frac{30}{25}=1.2$(대)'이다. 따라서 한 가구당 1대 이상의 컴퓨터를 보유한 도시는 C와 D이다.

[05~06] 다음은 ○○○○공사 전산팀 직원 모집에 지원한 사람들의 졸업성적과 면접점수의 상관관계를 조사하여 그 분포수를 표시한 것이다. 지원자 수가 총 100명이라 할 때, 다음 물음에 답하시오.

(단위 : 명)

졸업성적 \ 면접점수	60점	70점	80점	90점	100점
100점	1	5	4	6	1
90점	3	4	5	5	4
80점	1	3	8	7	5
70점	4	5	7	5	2
60점	2	3	5	3	2

05 졸업성적과 면접점수를 합친 총점이 170점 이상인 지원자 중 면접 점수가 80점 이상인 사람을 합격자로 할 때, 합격자 총 수는 몇 명인가?

① 37명 ② 39명
③ 42명 ④ 44명
⑤ 47명

정답해설 총점이 170점 이상인 지원자는 아래 표에서 밑줄 친 부분으로, 총 44명이다. 이 중에서 면접 점수가 80점 이상인 지원자(괄호)는 면접점수가 70점인 5명을 제외한 39명이다.

졸업성적 \ 면접점수	60점	70점	80점	90점	100점
100점	1	5	(4)	(6)	(1)
90점	3	4	(5)	(5)	(4)
80점	1	3	8	(7)	(5)
70점	4	5	7	5	(2)
60점	2	3	5	3	2

06 성적이 상위 25% 이내에 드는 사람을 합격자로 할 때, 합격자의 평균을 구하면? (단, 소수점 이하는 무시한다.)

① 180점 ② 181점
③ 182점 ④ 183점
⑤ 184점

정답해설 지원자가 100명이므로 성적 상위 25%는 총점이 높은 상위 25명을 말하며, 이는 아래 표의 밑줄 친 사람을 말한다.

졸업성적 \ 면접점수	60점	70점	80점	90점	100점
100점	1	5	4	6	1
90점	3	4	5	5	4
80점	1	3	8	7	5
70점	4	5	7	5	2
60점	2	3	5	3	2

따라서 합격자들의 평균을 구하면, '{(200×1)+(190×10)+(180×14)}÷25=184.8(점)'이다. 소수점 이하는 무시하므로 184점이 합격자인 상위 25%의 평균이 된다.

07 다음은 전체 혼인 건수와 청소년 혼인 구성비에 대한 자료이다. 이를 근거로 할 때 다음 설명 중 옳지 않은 것은?

[연도별 총 혼인 건수 및 청소년 혼인 구성비]

구분	총 혼인 건수(건)	청소년 혼인 구성비(%)			
		남편기준		아내기준	
		15~19세	20~24세	15~19세	20~24세
1970년	295,137	3.0	25.0	20.9	55.9
1980년	392,453	1.7	20.6	9.5	57.5
1990년	399,312	0.8	14.7	4.5	48.5
2000년	334,030	0.6	7.5	2.5	25.8

※ 청소년(15~24세) 혼인이란 남편 또는 아내가 청소년인 경우를 의미함

① 1970년 이후 20세 이상의 청소년 혼인 구성비는 남편기준과 아내기준 모두 지속적으로 감소하고 있다.

② 남편기준 15~19세 청소년 혼인 구성비는 아내기준 20~24세 청소년 혼인 구성비보다 항상 낮다.

③ 남편기준 20세 이상의 청소년 혼인 구성비가 10년 전에 비해 가장 큰 폭으로 감소한 해는 2000년이다.

④ 1970년에 비하여 2000년에 아내기준 15~19세 청소년 혼인 구성비는 18% 이상 감소하였다.

⑤ 2000년의 청소년 혼인 건수는 전체적으로 1980년의 청소년 혼인 건수의 절반 이하이다.

정답 해설 청소년 혼인 구성비에서 아내기준의 20~24세 혼인의 경우, 1970년 55.9%에서 1980년 57.5%로 증가하였다. 따라서 ①은 옳은 내용이 아니다.

오답 해설 ② 남편기준 15~19세 청소년 혼인 구성비(3.0, 1.7, 0.8, 0.6)는 아내기준 20~24세 청소년 혼인 구성비(55.9, 57.5, 48.5, 25.8)보다 항상 낮다.

③ 2000년 남편기준 20~24세 청소년의 혼인 구성비는 1990년에 비해 7.2% 감소하여 가장 큰 폭으로 감소하였다.

④ 아내기준 15~19세 청소년 혼인 구성비는 1970년 20.9%에서 2000년 2.5%로 18.4% 감소하였다.

⑤ 1980년의 경우 총 혼인 건수(392,453)가 2000년의 혼인 건수(334,030)보다 많고, 1980년의 전체 청소년 혼인 구성비도 2000년의 혼인 구성비보다 2배 이상이다. 따라서 ⑤도 옳은 내용이 된다.

[08~09] 다음 표는 2018년 1월 1일 오후 3시에서 4시까지 서울 영등포구의 대형 마트 3곳을 방문한 고객의 연령대별 비율과 총고객수를 각각 조사한 것이다. 이를 토대로 다음 물음에 알맞은 답을 고르시오.

구분	10대 이하 고객	20대 고객	30대 고객	40대 고객	50대 이상 고객	총고객수
A마트	7%	25%	28%	22%	18%	1,500명
B마트	4%	12%	39%	24%	21%	2,000명
C마트	11%	26%	27%	20%	16%	(　　)명

08 **A마트를 방문한 30대 미만의 고객수는 동일 동시간대에 B마트를 방문한 30대 미만 고객수의 몇 배인가?**

① 1.09배　　② 1.2배

② 1.5배　　③ 1.8배

④ 2.0배

정답 해설 A마트를 방문한 30대 미만의 고객 비율은 10대 이하 고객이 7%, 20대 고객이 25%이므로 모두 32%이며, 따라서 해당 고객수는 '1,500×0.32=480(명)'이다. 한편, B마트를 방문한 30대 미만의 고객 비율은 모두 16%이므로, 해당 고객수는 '2,000×0.16=320(명)'이 된다. 따라서 A마트를 방문한 30대 미만의 고객수(480명)는 동일 동시간대에 B마트를 방문한 30대 미만 고객수(320명)의 1.5배이다.

정답 08 ③

09 **2018년 1월 1일 오후 3시에서 4시 사이에 C마트를 방문한 40대 고객의 수가 동일 동시간대 A마트를 방문한 50대 이상의 고객수의 2배라 할 때 표의 ( ) 안에 가장 적합한 것은?**

① 2,500명
② 2,700명
③ 2,800명
④ 3,000명
⑤ 3,100명

정답 해설 A마트를 방문한 50대 이상의 고객 비율은 18%이므로, 고객수는 '1,500×0.18=270(명)'이 된다. 따라서 같은 시간대에 C마트를 방문한 40대 고객의 수는 2배인 540(명)이 되어야 한다. C마트를 방문한 40대 고객의 비율이 20%이므로, '( )×0.2=540(명)'이 성립한다. 따라서 ( )에 들어갈 수치는 2,700(명)이다.

[10~11] 다음의 표는 어느 나라의 기업 기부금 순위 상위 기업의 현황과 연도별 기부금 추이를 나타낸 것이다. 이를 토대로 다음 물음에 알맞은 답을 고르시오.

〈표1〉 2016년 기부금 순위 상위 5개 기업 현황

순위	기업명	총기부금(억 원)	현금기부율(%)
1	A	350	20
2	B	300	24
3	C	280	28
4	D	250	15
5	E	200	19

〈표2〉 연도별 기부금 추이

구분 \ 연도	2012	2013	2014	2015	2016
기부금 총액(억 원)	5,520	6,240	7,090	7,820	8,220
기업 기부금 총액(억 원)	1,980	2,190	2,350	2,610	2,760

10 2016년 상위 5개 기업의 총기부금이 같은 해 기부금 총액에서 차지하는 비중으로 가장 알맞은 것은?

① 대략 18.0%
② 대략 17.6%
③ 대략 17.2%
④ 대략 16.8%
⑤ 대략 16.4%

정답해설 2016년 상위 5개 기업의 총기부금은 '350+300+280+250+200=1,380(억 원)'이고, 같은 해 기부금 총액은 '8,220(억 원)'이다. 따라서 상위 5개 기업의 총기부금이 기부금 총액에서 차지하는 비중은 '$\frac{1,380}{8,220}\times 100 \fallingdotseq 16.8\%$'가 된다.

1DAY 2DAY 3DAY

11 다음 설명 중 옳지 않은 것은?

① A기업의 2016년 현금기부금은 70억이다.
② 2016년 기부금 상위 5개 기업 중 현금기부금이 가장 많은 기업은 C이다.
③ 기부금 총액과 기업의 기부금 총액은 2012년부터 매년 지속적으로 증가하였다.
④ 2016년 상위 5개 기업의 총기부금은 같은 해 기업 기부금 총액의 절반 수준이다.
⑤ 기부금 총액에서 기업의 기부금이 차지하는 비중은 매년 지속적으로 증가하였다.

정답해설 2012년 기부금 총액에서 기업 기부금 총액이 자치하는 비중은 '$\frac{1,980}{5,520}\times 100 \fallingdotseq 35.9\%$'이고, 2013년의 비중은 대략 35.1%, 2014년은 대략 33.1%, 2015년은 대략 33.4%, 2016년의 경우 대략 33.6%이다. 따라서 2012년부터 2014년까지는 감소하다 이후 증가하고 있으므로, ⑤는 옳지 않은 설명이 된다.

오답해설 ①·② '현금기부율=$\frac{\text{현금기부금}}{\text{총기부금}}\times 100$'이므로, '현금기부금=$\frac{\text{현금기부금}\times\text{총기부금}}{100}$'이 된다.

이를 통해 상위 5개 기업의 현금기부금을 구하면 다음과 같다.

- A기업의 현금기부금=$\frac{20\times 350}{100}$=70(억 원)

• B기업의 현금기부금$=\frac{24\times300}{100}=72$(억 원)

• C기업의 현금기부금$=\frac{28\times280}{100}=78.4$(억 원)

• D기업의 현금기부금$=\frac{15\times250}{100}=37.5$(억 원)

• E기업의 현금기부금$=\frac{19\times200}{100}=38$(억 원)

따라서 A기업의 현금기부금은 70억 원이고, 상위 5개 기업 중 C기업의 현금기부금이 가장 많다.

③ 표2에서 기부금 총액과 기업의 기부금 총액이 매년 지속적으로 증가하고 있다는 것을 확인할 수 있다.

④ 2016년 상위 5개 기업의 총기부금은 1,380(억 원)이고, 2016년 기업 기부금 총액은 2,760(억 원)이다. 따라서 2016년 상위 5개 기업의 총기부금은 같은 해 기업 기부금 총액의 절반 수준이다.

12 다음 〈표〉는 행정심판위원회 연도별 사건처리현황에 관한 자료이다. 이에 대한 설명 중 옳은 것은?

〈표〉 행정심판위원회 연도별 사건처리현황

(단위 : 건)

연도 \ 구분	접수	심리 · 의결				취하 · 이송
		인용	기각	각하	소계	
2010	31,473	4,990	24,320	1,162	30,472	1,001
2011	29,986	4,640	23,284	(　)	28,923	1,063
2012	26,002	3,983	19,974	1,030	24,987	1,015
2013	26,255	4,713	18,334	1,358	24,405	1,850
2014	26,014	4,131	19,164	(　)	25,270	744

※ 1) 당해연도에 접수된 사건은 당해연도에 심리 · 의결 또는 취하 · 이송됨.

2) 인용률(%)$=\frac{\text{인용건수}}{\text{심리 · 의결건수}}\times100$

① 인용률이 가장 높은 해는 2013년이다.

② 취하 · 이송 건수는 매년 감소하였다.

③ 각하 건수가 가장 적은 해는 2012년이다.

④ 접수 건수와 심리 · 의결 건수의 연도별 증감방향은 동일하다.

⑤ 심리 · 의결사건의 경우 기각 비율이 가장 높고 인용 비율이 가장 낮다.

정답 해설 인용률은 '$\frac{\text{인용건수}}{\text{심리 · 의결건수}} \times 100$'이므로, 연도별 인용률을 구하면 다음과 같다.

- 2010년의 인용률 : 대략 16.4%
- 2011년의 인용률 : 대략 16%
- 2012년의 인용률 : 대략 16%
- 2013년의 인용률 : 대략 19.3%
- 2014년의 인용률 : 대략 16.3%

따라서 인용률이 가장 높은 해는 2013년이므로, ①은 옳은 설명이다.

② 취하 · 이송 건수의 경우 2011년과 2013년에는 증가하였다.

③ 각하 건수의 경우도 심리 · 의결 건수에 포함되므로 각하 건수는 '심리 · 의결 소계 – 인용 건수 – 기각 건수'로 구할 수 있다. 이 경우 2011년 각하 건수는 999건, 2014년 각하 건수는 1,975건이다. 따라서 각하 건수가 가장 적은 해는 2011년이다.

④ 2013년의 경우 접수 건수는 전년도 보다 증가했으나 심리 · 의결 건수는 전년도보다 감소하였다. 따라서 연도별 증감방향은 동일하지 않다.

⑤ 심리 · 의결사건의 경우 기각 비율이 가장 높으나, 가장 낮은 비율을 보인 것인 각하 비율이다.

13 다음 〈표〉는 조사년도별 우리나라의 도시수, 도시인구 및 도시화율에 대한 자료이다. 이에 대한 설명 중 옳은 것은?

〈표〉 조사년도별 우리나라의 도시수, 도시인구 및 도시화율

(단위 : 개, 명, %)

조사년도	도시수	도시인구	도시화율
1910	12	1,122,412	8.4
1915	7	456,430	2.8
1920	7	508,396	2.9
1925	19	1,058,706	5.7
1930	30	1,605,669	7.9
1935	38	2,163,453	10.1
1940	58	3,998,079	16.9
1944	74	5,067,123	19.6
1949	60	4,595,061	23.9
1955	65	6,320,823	29.4
1960	89	12,303,103	35.4
1966	111	15,385,382	42.4
1970	114	20,857,782	49.8
1975	141	24,792,199	58.3
1980	136	29,634,297	66.2
1985	150	34,527,278	73.3
1990	149	39,710,959	79.5
1995	135	39,882,316	82.6
2000	138	38,784,556	84.0
2005	151	41,017,759	86.7
2010	156	42,564,502	87.6

※ 1) 도시화율(%)$=\frac{\text{도시인구}}{\text{전체인구}}\times 100$

2) 평균도시인구$=\frac{\text{도시인구}}{\text{도시수}}$

① 1950년대 이후 도시인구는 지속적으로 증가한다.

② 전체인구가 처음으로 4천만명을 초과한 조사년도는 1975년이다.

③ 조사년도 1955년의 평균도시인구는 10만명 이상이다.

④ 1949~2010년 동안 직전 조사년도에 비해 도시수가 증가한 조사년도에는 직전 조사년도에 비해 도시화율도 모두 증가한다.

⑤ 1949~2010년 동안 직전 조사년도 대비 도시인구 증가폭이 가장 큰 조사년도에는 직전 조사년도 대비 도시화율 증가폭도 가장 크다.

1DAY 2DAY 3DAY

정답해설 1949~2010년 동안 직전 조사년도에 비해 도시수가 증가한 조사년도는 1955년, 1960년, 1966년, 1970년, 1975년, 1985년, 2000년, 2005년, 2010년이다. 이 조사년도에서는 모두 직전 조사년도에 비해 도시화율도 모두 증가하였다. 따라서 ④는 옳은 설명이다.

오답해설 ① 1950년대 이후 도시인구 변화에서 2000년의 도시인구는 이전보다 감소하였다. 따라서 ①은 옳지 않다.

② '도시화율(%)$=\frac{\text{도시인구}}{\text{전체인구}}\times 100$'이므로, '전체인구$=\frac{\text{도시인구}}{\text{도시화율}}\times 100$'이 된다. 이를 조사년도별 수치와 비교해 볼 때, 전체인구가 처음으로 4천만명을 초과한 조사년도는 1970년이 된다.

③ '평균도시인구$=\frac{\text{도시인구}}{\text{도시수}}$'이므로, 1955년의 평균도시인구는 '$\frac{6,320,823}{65}\fallingdotseq 97,243$(명)'이 된다. 따라서 10만명 미만이다.

⑤ 1949~2010년 동안 직전 조사년도 대비 도시인구 증가폭이 가장 큰 조사년도는, 직전 조사년도보다 5,472,400명이 증가한 1970년이다. 이에 비해 직전 조사년도 대비 도시화율 증가폭이 큰 조사년도는, 직전 조사년도보다 8.5% 증가한 1975년이다. 따라서 ⑤도 옳지 않다.

정답 13 ④

14 다음 〈표〉는 A 성씨의 가구 및 인구 분포에 대한 자료이다. 이에 대한 설명으로 옳지 않은 것은?

〈표1〉 A 성씨의 광역자치단체별 가구 및 인구 분포

(단위 : 가구, 명)

광역자치단체 \ 연도·구분		1980 가구	1980 인구	2010 가구	2010 인구
특별시	서울	28	122	73	183
광역시	부산	5	12	11	34
	대구	1	2	2	7
	인천	11	40	18	51
	광주	0	0	9	23
	대전	0	0	8	23
	울산	0	0	2	7
	소계	17	54	50	145
도	경기	( )	124	( )	216
	강원	0	0	7	16
	충북	0	0	2	10
	충남	1	5	6	8
	전북	0	( )	4	13
	전남	0	0	4	10
	경북	1	( )	6	17
	경남	1	( )	8	25
	제주	1	( )	4	12
	소계	35	140	105	327
전체		80	316	228	655

※ 광역자치단체 구분과 명칭은 2010년 법령을 기준으로 함.

〈표2〉 A 성씨의 읍 · 면 · 동 지역별 가구 및 인구 분포

(단위 : 가구, 명)

지역 \ 구분 \ 연도	1980		2010	
	가구	인구	가구	인구
읍	10	30	19	46
면	10	56	19	53
동	60	230	190	556
전체	80	316	228	655

※ 읍 · 면 · 동 지역 구분은 2010년 법령을 기준으로 함.

① 1980년 A 성씨의 인구가 부산보다 많은 광역자치단체는 3곳뿐이다.

② 2010년 경기의 A 성씨 가구는 1980년의 2배 이상이다.

③ 2010년 A 성씨의 동 지역 인구는 1980년 A 성씨의 면 지역 인구의 10배 이상이다.

④ 2010년 A 성씨의 전체 가구는 1980년의 3배 이하이다.

⑤ 광역자치단체 중 1980년 대비 2010년의 A 성씨 인구 증가폭은 서울이 가장 크다.

정답해설 〈표2〉에서 알 수 있듯이 2010년 A 성씨의 동 지역 인구는 556명이며, 1980년 A 성씨의 면 지역 인구는 56명이다. 따라서 2010년 A 성씨의 동 지역 인구는 1980년 A 성씨의 면 지역 인구의 10배 이하가 된다.

오답해설 ① 1980년 A 성씨의 인구가 부산(12명)보다 많은 광역자치단체는 서울(122명), 인천(40명), 경기(124명) 3곳뿐이다.

② 〈표1〉에서 2010년 경기의 A 성씨 가구는 64가구가 되며, 1980년 경기의 A 성씨 가구는 31가구가 된다. 따라서 2010년 경기의 A 성씨 가구는 1980년의 2배 이상이 된다.

④ 2010년의 A 성씨 전체 가구는 228가구이며, 1980년의 A 성씨 전체 가구는 80가구이므로, 2010년 A 성씨의 전체 가구는 1980년의 3배 이하가 된다.

⑤ 서울의 경우 1980년 대비 2010년의 A 성씨 인구 증가폭은 '61명'인데, 경기의 인구 증가폭은 '92명'이 된다. 따라서 서울보다 인천의 인구 증가폭이 더 크다.

정답 14 ③

15 다음은 2011~2014년 주택건설 인허가 실적에 대한 〈보고서〉이다. 〈보고서〉의 내용을 작성하는 데 직접적인 근거로 활용되지 않은 자료는?

〈보고서〉

㉠ 2014년 주택건설 인허가 실적은 전국 51.5만호(수도권 24.2만호, 지방 27.3만호)로 2013년(44.1만호) 대비 16.8% 증가하였다. 이는 당초 계획(37.4만호)에 비하여 증가한 것이지만, 2014년의 인허가 실적은 2011년 55.0만호, 2012년 58.6만호, 2013년 44.1만호 등 3년평균(2011~2013년, 52.6만호)에 미치지 못하였다.

㉡ 2014년 아파트의 인허가 실적(34.8만호)은 2013년 대비 24.7% 증가하였다. 아파트 외 주택의 인허가 실적(16.7만호)은 2013년 대비 3.1% 증가하였으나, 2013년부터 도시형생활주택 인허가 실적이 감소하면서 3년평균(2011~2013년, 18.9만호) 대비 11.6% 감소하였다.

㉢ 2014년 공공부문의 인허가 실적(6.3만호)은 일부 분양물량의 수급 조절에 따라 2013년 대비 21.3% 감소하였으며, 3년평균(2011~2013년, 10.2만호) 대비로는 38.2% 감소하였다. 민간부문(45.2만호)은 2013년 대비 25.2% 증가하였으며, 3년평균(2011~2013년, 42.4만호) 대비 6.6% 증가하였다.

㉣ 2014년의 소형(60m^2이하), 중형(60m^2초과 85m^2이하), 대형(85m^2초과) 주택건설 인허가 실적은 2013년 대비 각각 1.2%, 36.4%, 4.9% 증가하였고, 2014년 85m^2이하 주택건설 인허가 실적의 비중은 2014년 전체 주택건설 인허가 실적의 약 83.5%이었다.

① 지역별 주택건설 인허가 실적 및 증감률

(단위 : 만호, %)

구분	2013년	3년평균 (2011~2013)	2014년		
				전년대비 증감률	3년평균 대비 증감률
전국	44.1	52.6	51.5	16.8	−2.1
수도권	19.3	24.5	24.2	25.4	−1.2
지방	24.8	28.1	27.3	10.1	−2.8

② 2011~2013년 지역별 주택건설 인허가 실적

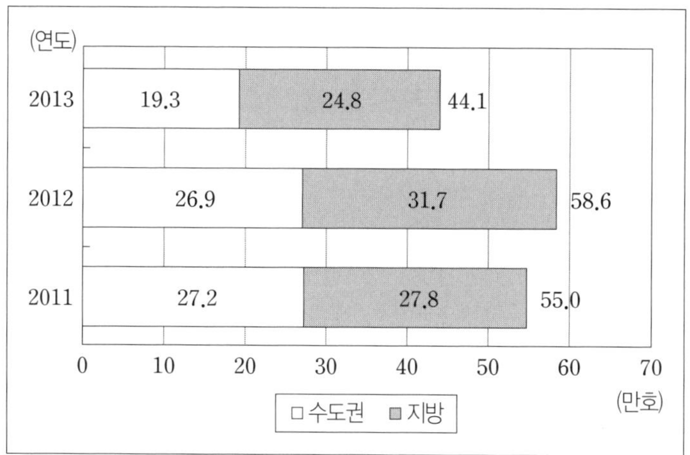

③ 유형별 주택건설 인허가 실적 및 증감률

(단위 : 만호, %)

구분	2013년	3년평균 (2011~2013)	2014년		
				전년대비 증감률	3년평균 대비 증감률
아파트	27.9	33.7	34.8	24.7	3.3
아파트외	16.2	18.9	16.7	3.1	−11.6

④ 건설 주체별 · 규모별 주택건설 인허가 실적 및 증감률

(단위 : 만호, %)

구분		2013년	3년평균 (2011~2013)	2014년		
					전년대비 증감률	3년평균 대비 증감률
건설 주체	공공부문	8.0	10.2	6.3	−21.3	−38.2
	민간부문	36.1	42.4	45.2	25.2	6.6
규모	60m²이하	17.3	21.3	17.5	1.2	−17.8
	60m²초과 85m²이하	18.7	21.7	25.5	36.4	17.5
	85m²초과	8.1	9.6	8.5	4.9	−11.5

정답 15 ⑤

⑤ 공공임대주택 공급 실적 및 증감률

(단위 : 만호, %)

구분	2013년	3년평균 (2011~2013)	2014년		
				전년대비 증감률	3년평균 대비 증감률
영구 · 국민	2.7	2.3	2.6	−3.7	13.0
공공	3.1	2.9	3.6	16.1	24.1
매입 · 전세	3.8	3.4	3.4	−10.5	0.0

⑤의 "공공임대주택 공급 실적 및 증감률"의 내용은 보고서에서 찾아볼 수 없으므로, 보고서 작성의 직접적 근거로 활용되지 않았다.

① "지역별 주택건설 인허가 실적 및 증감률"은 ㉠의 '2014년 주택건설 인허가 실적은 전국 51.5만호(수도권 24.2만호, 지방 27.3만호)로 2013년(44.1만호) 대비 16.8% 증가하였다'라는 보고서 내용의 직접적인 근거가 된다.

② "2011~2013년 지역별 주택건설 인허가 실적"은 ㉠의 '이는 당초 계획(37.4만호)에 비하여 증가한 것이지만, 2014년의 인허가 실적은 2011년 55.0만호, 2012년 58.6만호, 2013년 44.1만호 등 3년평균(2011~2013년, 52.6만호)에 미치지 못하였다'라는 내용의 직접적 근거이다.

③ "유형별 주택건설 인허가 실적 및 증감률"은 보고서의 ㉡의 작성 근거가 된다.

④ "건설 주체별 · 규모별 주택건설 인허가 실적 및 증감률"은 보고서 ㉢과 ㉣의 직접적인 근거가 된다.

16 다음 〈표〉와 〈그림〉은 수종별 원목생산량과 원목생산량 구성비에 관한 자료이다. 이에 대한 〈보기〉의 설명 중 옳은 것만을 모두 고르면?

〈표〉 2006~2011년 수종별 원목생산량

(단위 : 만m³)

수종 \ 연도	2006	2007	2008	2009	2010	2011
소나무	30.9	25.8	28.1	38.6	77.1	92.2
잣나무	7.2	6.8	5.6	8.3	12.8	( )
전나무	50.4	54.3	50.4	54.0	58.2	56.2
낙엽송	22.7	23.8	37.3	38.7	50.5	63.3
참나무	41.4	47.7	52.5	69.4	76.0	87.7
기타	9.0	11.8	21.7	42.7	97.9	85.7
전체	161.6	170.2	195.6	( )	372.5	( )

〈그림〉 2011년 수종별 원목생산량 구성비

(단위 : %)

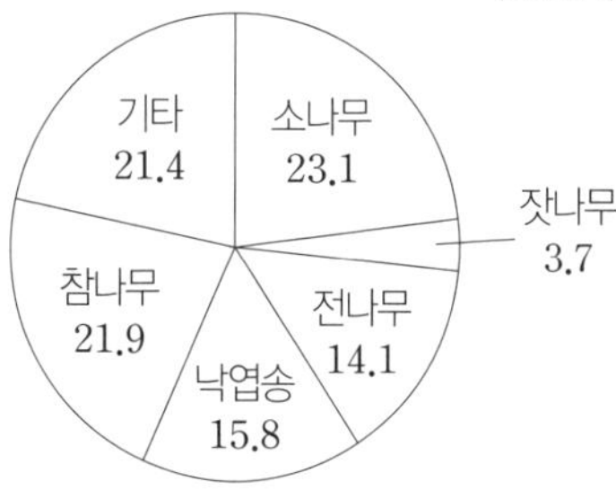

보기

ㄱ. '기타'를 제외하고, 2006년 대비 2011년 원목생산량 증가율이 두 번째로 큰 수종은 낙엽송이다.

ㄴ. '기타'를 제외하고 원목생산량이 매년 증가한 수종은 1개이다.

ㄷ. 전체 원목생산량 중 소나무 원목생산량의 비중은 2009년보다 2011년이 크다.

ㄹ. 2010년 참나무 원목생산량은 2010년 잣나무 원목생산량의 6배 이상이다.

정답 16 ②

① ㄱ, ㄴ ② ㄱ, ㄷ

③ ㄱ, ㄹ ④ ㄴ, ㄷ

⑤ ㄴ, ㄹ

ㄱ. 원목생산량을 직접 계산하지 않더라도, 〈표〉를 통해 소나무와 낙엽송이 2006년 대비 2011년 원목생산량이 가장 크게 증가하였음을 알 수 있다. 소나무의 경우 2006년 대비 2011년 원목생산량이 거의 3배 정도가 증가하였고, 낙엽송은 '$\frac{63.3}{22.7}$≒2.8(배)' 정도가 증가하였으므로, 2006년 대비 2011년 원목생산량 증가율이 두 번째로 큰 수종은 낙엽송이 된다.

ㄷ. 2009년 소나무 원목생산량은 38.6(만m^3)이고 2009년 전체 원목생산량은 251.7(만m^3)이 되므로, 2009년 소나무 원목생산량의 비중은 '$\frac{38.6}{251.7}\times 100$≒15.3%'가 된다. 또한 〈그림〉에서 2011년 소나무 원목생산량 비중은 전체 원목생산량의 23.1%라고 했으므로, 전체 원목생산량 중 소나무 원목생산량의 비중은 2009년보다 2011년이 더 크다.

ㄴ. '기타'를 제외하고 2006~2011년 동안 원목생산량이 매년 증가한 수종은 낙엽송과 참나무 2개이다.

ㄹ. 2010년 참나무 원목생산량은 76.0(만m^3)이고, 잣나무 원목생산량은 12.8(만m^3)이다. 따라서 참나무 원목생산량은 잣나무 원목생산량의 5.94배 정도이므로, 6배 이하가 된다.

17 다음 〈표〉는 2013~2016년 '갑' 기업 사원 A~D의 연봉 및 성과평가등급별 연봉인상률에 대한 자료이다. 이에 대한 〈보기〉의 설명으로 옳은 것만을 모두 고르면?

〈표1〉 '갑' 기업 사원 A~D의 연봉

(단위 : 천원)

연도 사원	2013	2014	2015	2016
A	24,000	28,800	34,560	38,016
B	25,000	25,000	26,250	28,875
C	24,000	25,200	27,720	33,264
D	25,000	27,500	27,500	30,250

〈표2〉 '갑' 기업의 성과평가등급별 연봉인상률

(단위 : %)

성과평가등급	Ⅰ	Ⅱ	Ⅲ	Ⅳ
연봉인상률	20	10	5	0

※ 1) 성과평가는 해당연도 연말에 1회만 실시하며, 각 사원은 Ⅰ, Ⅱ, Ⅲ, Ⅳ 중 하나의 성과평가등급을 받음.
2) 성과평가등급을 높은 것부터 순서대로 나열하면 Ⅰ, Ⅱ, Ⅲ, Ⅳ의 순임.
3) 당해년도 연봉＝전년도 연봉×(1＋전년도 성과평가등급에 따른 연봉인상률)

보기

ㄱ. 2013년 성과평가등급이 높은 사원부터 순서대로 나열하면 A, C, D, B이다.
ㄴ. 2015년에 A와 B는 동일한 성과평가등급을 받았다.
ㄷ. 2013~2015년 동안 C는 성과평가에서 Ⅱ등급을 받은 적이 있다.
ㄹ. 2013~2015년 동안 D는 성과평가에서 Ⅲ등급을 받은 적이 없다.

① ㄱ, ㄴ
② ㄴ, ㄷ
③ ㄷ, ㄹ
④ ㄱ, ㄴ, ㄷ
⑤ ㄴ, ㄷ, ㄹ

ㄴ. 2016년 A와 B의 연봉인상률이 10%로 동일하므로, 2015년 A와 B는 동일한 성과평가등급을 받았다는 것을 알 수 있다.
ㄷ. C의 경우 2015년 연봉인상률이 10%이므로, 2014년 성과평가에서 Ⅱ등급을 받았다는 것을 알 수 있다.
ㄹ. D의 경우 2014~2016년 동안 연봉인상률은 각각 10%, 0%, 10%이므로, 2013~2015년 동안 성과평가에서 각각 Ⅱ등급, Ⅳ등급, Ⅱ등급을 받았다는 것을 알 수 있다. 따라서 동일 기간 동안 Ⅲ등급을 받은 적은 없다.

오답해설

ㄱ. 2013년 성과평가등급을 알기 위해서는 2014년 연봉인상률을 알아야 한다. 2014년 연봉인상률은 A가 20%(∵ 24,000×1.2＝28,800), B가 0%, C가 5%, D가 10%가 된다. 따라서 2013년 성과평가등급이 높은 사원부터 나열하면 A(Ⅰ등급), D(Ⅱ등급), C(Ⅲ등급), B(Ⅳ등급)가 된다. 따라서 'ㄱ'은 옳지 않은 설명이다.

정답 17 ⑤

18 다음 〈표〉는 농산물 도매시장의 품목별 조사단위당 가격에 대한 자료이다. 이를 이용하여 작성한 그래프로 옳지 않은 것은?

〈표〉 품목별 조사단위당 가격

(단위 : kg, 원)

구분	품목	조사단위	조사단위당 가격		
			금일	전일	전년 평균
곡물	쌀	20	52,500	52,500	47,500
	찹쌀	60	180,000	180,000	250,000
	검정쌀	30	120,000	120,000	106,500
	콩	60	624,000	624,000	660,000
	참깨	30	129,000	129,000	127,500
채소	오이	10	23,600	24,400	20,800
	부추	10	68,100	65,500	41,900
	토마토	10	34,100	33,100	20,800
	배추	10	9,500	9,200	6,200
	무	15	8,500	8,500	6,500
	고추	10	43,300	44,800	31,300

① 쌀, 찹쌀, 검정쌀의 조사단위당 가격

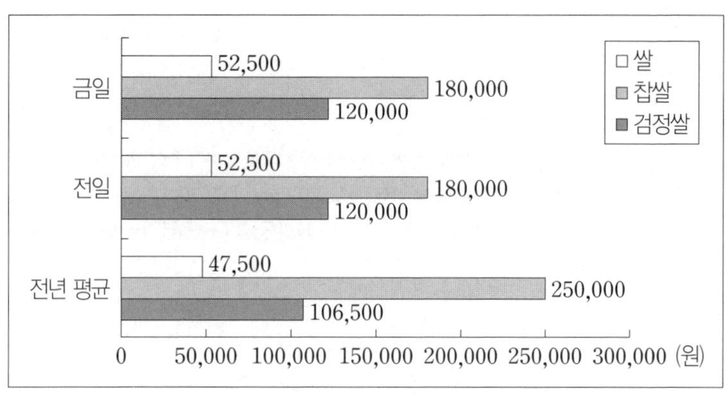

② 채소의 조사단위당 전일가격 대비 금일가격 등락액

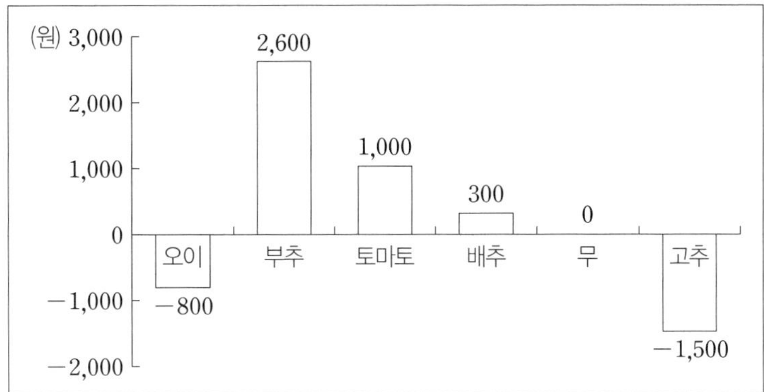

③ 채소 1kg당 금일가격

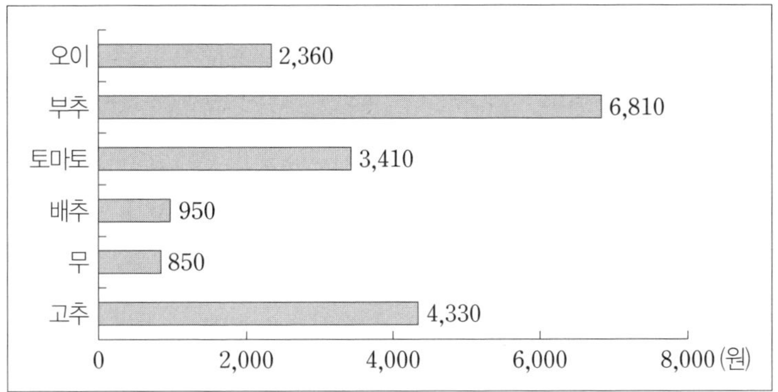

④ 곡물 1kg당 금일가격

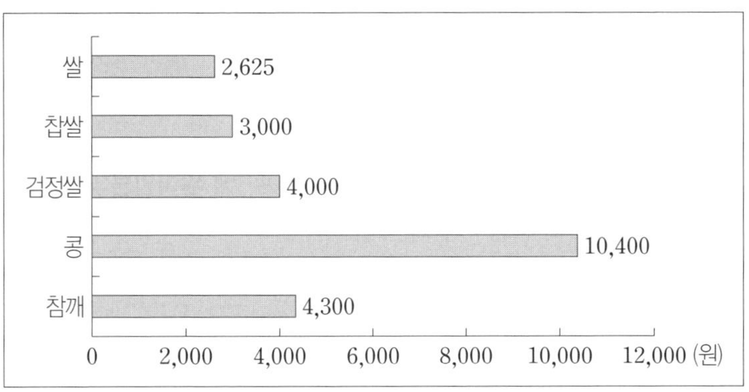

정답 18 ③

⑤ 채소의 조사단위당 전년 평균가격 대비 금일가격 비율

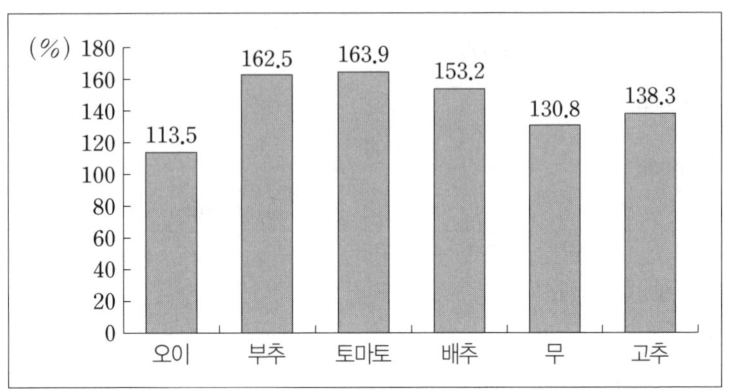

정답해설 채소 1kg당 금일가격은 '$\frac{\text{채소 금일가격(원)}}{\text{조사단위(kg)}}$'으로 구할 수 있다. ③의 '무'같은 경우 조사단위가 '15(kg)'이므로, 무 1kg당 금일가격은 '$\frac{850}{15}$≒567(원)'이 되므로, 그래프의 내용이 옳지 않다.

오답해설 ① 쌀, 찹쌀, 검정쌀의 조사단위당 가격은 품목별 조사단위당 가격의 〈표〉의 내용에서 확인할 수 있다.

② 채소의 조사단위당 전일가격 대비 금일가격 등락액도 〈표〉의 내용을 통해 확인할 수 있다.

④ 곡물 1kg당 금일가격은 '$\frac{\text{곡물 금일가격(원)}}{\text{조사단위(kg)}}$'으로 구할 수 있으며, 그래프가 〈표〉의 내용을 제대로 반영하고 있다.

⑤ 채소의 조사단위당 전년 평균가격 대비 금일가격 비율은 '$\frac{\text{채소 금일가격}}{\text{채소 전년 평균가격}}$'으로 구할 수 있으며, 그래프가 〈표〉의 내용을 제대로 반영하고 있다.

19 **농도가 4%인 식염수 300g이 있는데, 여기에 얼마만큼의 식염을 더 넣으면 10%의 식염수가 되는가?**

① 12g
② 16g
③ 18g
④ 20g
③ 24g

정답 해설 '식염수의 농도(%)$=\frac{\text{식염의 양}}{\text{식염수의 양}}\times 100$(%)'이므로, '식염의 양$=\frac{\text{식염수의 농도}}{100}\times$식염수의 양'이 된다. 따라서 농도가 4%의 식염수 300g에 들어 있는 식염의 양은 '$\frac{4}{100}\times 300=12$(g)'이다.

여기서 추가하고자 하는 식염의 양을 x라 하면, 증가된 식염수의 양은 '$300+x$', 증가된 식염의 양은 '$12+x$'가 된다. 따라서 '10(%)$=\frac{(12+x)}{(300+x)}\times 100$'이므로, '$x=20$(g)'이다. 즉, 식염 20g을 추가하면 10%의 식염수가 된다.

20 다음에 일정한 규칙에 따라 숫자를 나열한 것이다. 빈칸에 가장 알맞은 숫자는?

$2 \quad \frac{2}{3} \quad 1 \quad 3 \quad \frac{8}{3} \quad \frac{8}{9} \quad \frac{11}{9} \quad (\quad)$

① $\frac{7}{3}$

② $\frac{11}{3}$

③ 4

④ $\frac{13}{3}$

⑤ 5

정답 해설 $2\times\frac{1}{3}=\frac{2}{3}$

$\frac{2}{3}+\frac{1}{3}=1$

$1\div\frac{1}{3}=3$

$3-\frac{1}{3}=\frac{8}{3}$

$\frac{8}{3}\times\frac{1}{3}=\frac{8}{9}$

$\frac{8}{9}+\frac{1}{3}=\frac{11}{9}$

$\frac{11}{9}\div\frac{1}{3}=(\quad)$

따라서 '$(\quad)=\frac{11}{3}$'이다.

문제해결능력

01 다음은 LH공사의 청년매입임대주택 공급에 관한 공고문이다. 이 공고를 보고 신청하고자 하는 대상자가 이해한 내용으로 옳지 않은 것은?

○ **청년매입임대주택 공급대상 주택 내역**

〈1. 주택신청〉

신청은 주택동(건물)별로 진행되며, 예비자순번(주택을 지정할 수 있는 순번) 발표 후 주택동(건물)의 공급가능한 주택을 개방하고 순번에 따라 희망하는 주택을 지정하여 계약체결하는 방식으로 공급됩니다.

- 전용면적, 임대조건은 해당 주택 동의 평균 전용면적 및 임대조건으로 계약체결시 주택호에 따라 차이가 발생할 수 있으며, 셰어형의 전용면적은 실(방)별 면적 기준입니다.
- 공동거주는 가족이 아닌 경우 동성(同性)에 한해 가능하며, 주택 동(건물)별로 성별(남성, 여성동)이 지정된 경우 가족의 경우라도 동성에 한합니다.

〈2. 주택동〉

남성, 여성동이 지정된 경우 해당 동(건물)은 구분된 성별에 한해 신청이 가능하며, 남여공용동의 경우 해당 동(건물)은 남녀구분 없이 신청이 가능합니다.

〈3. 공급가능주택〉

공급대상주택 중 셰어형의 경우 실(방) 기준으로 공급됩니다.

〈4. 계약금 및 입주지정기간〉

계약금은 임대보증금 10%(1,2순위 10만원, 3순위 20만원)이며, 입주지정기간은 임대차계약체결일로부터 90일 이내입니다.

〈5. 주택열람〉

신청접수 기간(5.28~6.1)에 주택의 열람이 가능하며, 열람가능 주택은 '18.5.24(목) 17시 홈페이지(청약센터 – 공지사항) 별도 게시 예정입니다.

〈6. 셰어형 입주〉

쉐어형 주택에 다른 계약자가 없이 유일한 계약자일 경우에도 우선 입주가 가능하나, 추후 동호지정에 따라 입주자가 배정될 수 있습니다.

〈7. 재공급〉

선순위 예비자 계약체결 완료 이후 입주 대기 중인 후순위 예비자 등을 대상으로 미계약 동호 등의 재공급 절차가 진행됩니다.
〈8. 임대료의 보증금 전환〉
월임대료의 60% 범위 이내에서 전환 가능합니다(단, 월임대료는 62,500원 이하로 낮아질 수 없음).
– 전환이율 : 연 6.0%(향후 변동 가능하며, 100만원 단위로 전환가능)

① 셰어형 전용면적은 해당 주택 동의 평균면적이 아니라 실(방)별 면적 기준이 적용된다.
② 성별이 지정된 주택의 경우 가족이라도 동성(同性)에 한해 공동거주가 가능하다.
③ 1순위자의 경우 임대보증금 100만원인 경우 10%인 10만원의 계약금을 지급하여야 한다.
④ 주택의 열람은 신청접수 기간 중에만 가능하다.
⑤ 월임대료가 15만원인 경우 60%인 9만원까지 보증금으로 전환가능하다.

1DAY 2DAY 3DAY

정답해설 〈8. 임대료의 보증금 전환〉에서, 임대료의 보증금 전환의 경우 월임대료의 60% 범위 이내에서 전환 가능하나, 월임대료는 62,500원 이하로 낮아질 수 없다고 하였다. 따라서 월임대료가 15만원인 사람이 60%인 9만원을 보증금으로 전환하는 경우 월임대료는 6만원이 되므로, 가능하지 않은 내용이 된다.

오답해설 ① 〈1. 주택신청〉의 내용에서, 전용면적은 해당 주택 동의 평균 전용면적으로 한다고 하였으나 셰어형의 전용면적은 실(방)별 면적이 기준으로 적용된다고 하였다.
② 〈1. 주택신청〉에서 공동거주는 가족이 아닌 경우 동성(同性)에 한해 가능하며, 성별이 지정된 주택의 경우 가족의 경우라도 동성에 한한다고 하였다.
③ 〈4. 계약금 및 입주지정기간〉에서 알 수 있는 내용이다.
④ 〈5. 주택열람〉에서 신청접수 기간에 주택의 열람이 가능하다고 하였으므로, 이 기간에만 가능한 것으로 봐야 한다.

정답 01 ⑤

02 다음은 ○○○○공사 직원인 '갑'과 '을'을 대상으로 3년간 실시한 사내 친절도 평가점수의 변화를 나타낸 표이다. 〈보기〉의 설명 중 옳은 것을 모두 고르면?

〈표1〉 '갑'의 점수 변화

년/월	2015/3	2016/3	2017/3	2018/3
점수(점)	71	73	78	80

〈표2〉 '을'의 점수 변화

년/월	2015/3	2015/9	2016/3	2016/9	2017/3	2017/9	2018/3
점수(점)	83	85	87	88	90	91	92

보기

㉠ 3년 동안 갑과 을의 점수 총 변화량은 같다.
㉡ 연중 점수 변화의 흐름을 살펴보기에는 을의 자료가 갑의 자료보다 더 적절하다.
㉢ 3년 전 동월대비 2018년 3월 갑의 점수 증가율은 을의 점수 증가율보다 더 낮다.

① ㉡
② ㉢
③ ㉠, ㉡
④ ㉡, ㉢
⑤ ㉠, ㉡, ㉢

㉠ 3년 동안 갑의 점수 총 변화량은 '80－71＝9(점)'이며 을의 점수 총 변화량은 '92－83＝9(점)'이므로, 서로 같다.
㉡ 연중 점수 변화의 흐름을 파악하기 위해서는 연도 중간의 점수 변화에 대한 자료가 제시되어야 한다. 따라서 친절도 평가점수를 6개월마다 기록한 을의 자료가 더 적절하다.

오답 해설 ㉢ 3년 전인 2015년 3월 대비 2018년 3월 점수 증가율은 다음과 같다.

- 갑의 점수 증가율$=\frac{9}{71}\times 100 \fallingdotseq 12.7\%$
- 을의 점수 증가율$=\frac{9}{83}\times 100 \fallingdotseq 10.8\%$

따라서 3년 전 동월대비 2018년 3월 점수 증가율은 갑이 을보다 더 높다.

03 다음의 〈표〉는 산업 폐기물 매립지 주변의 거주민 1,375명을 대상으로 특정 질환자의 수를 파악한 것이다. 이를 토대로 〈보기〉의 내용 중 옳은 것을 모두 고르면?

〈표1〉

구분	매립지와의 거리			
	1km 미만	1~2km 미만	2~3km 미만	3~5km 미만
거주민	564	428	282	101
호흡기 질환자수	94	47	77	15
피부 질환자수	131	70	102	42

〈표2〉

구분	연령			
	19세 이하	20~39세	40~59세	60세 이상
거주민	341	405	380	249
호흡기 질환자수	76	41	49	67
피부 질환자수	35	71	89	150

〈표3〉

구분	거주기간			
	1년 미만	1~5년 미만	5~10년 미만	10년 이상
거주민	131	286	312	646
호흡기 질환자수	15	23	41	154
피부 질환자수	10	37	75	223

※ 환자수=호흡기 질환자수+피부 질환자수 (단, 위의 2가지 질환을 동시에 앓지는 않음)

보기

㉠ 매립지와 가까울수록 거주민 대비 환자의 비율이 더 높다.
㉡ 매립지 주변 거주민 중 환자의 비율은 40% 이상이다.
㉢ 모든 연령대에서 거주민 대비 피부 질환자의 비율이 호흡기 질환자의 비율보다 높다.
㉣ 매립지 주변의 거주민 중 거주기간이 길수록 거주민 대비 피부 질환자의 비율이 더 높다.

① ㉠, ㉡
② ㉠, ㉢
③ ㉡, ㉢
④ ㉡, ㉣
⑤ ㉢, ㉣

㉡ 매립지 주변의 거주민 1,375명을 대상으로 조사하였고, 환자는 2가지 질환을 동시에 앓지는 않는다고 하였다. 따라서 매립지 주변 거주민 중 환자의 비율은 '$\frac{(94+131+47+70+77+102+15+42)}{1,375} \times 100 \fallingdotseq 42\%$'가 된다. 따라서 ㉡은 옳다.

㉣ 거주기간별 거주민 대비 피부 질환자의 비율을 구하면 다음과 같다.

- 1년 미만 : $\frac{10}{131} \times 100 \fallingdotseq 7.6\%$
- 1~5년 미만 : $\frac{37}{286} \times 100 \fallingdotseq 12.9\%$
- 5~10년 미만 : $\frac{75}{312} \times 100 \fallingdotseq 24\%$
- 10년 이상 : $\frac{223}{646} \times 100 \fallingdotseq 34.5\%$

따라서 거주기간이 길수록 거주민 대비 피부 질환자의 비율이 더 높다.

㉠ 매립지와 가장 가까운 1km 미만 지역의 거주민 대비 환자의 비율은 '$\frac{(94+131)}{564} \times 100 \fallingdotseq 39.9\%$'이다. 이에 매립지와의 거리가 2km 이상 3km 미만인 지역의 거주민 대비 환자의 비율은 '$\frac{(77+102)}{282} \times 100 \fallingdotseq 63.5\%$'이다. 따라서 ㉠은 옳지 않다.

㉢ 19세 이하의 연령대에서는 호흡기 질환자의 수가 피부 질환자의 수보다 많기 때문에, 거주민 대비 호흡기 질환자의 비율이 피부 질환자 비율보다 높다. 따라서 ㉢은 옳지 않다.

04 다음 〈표〉는 각 소비 항목별로 가구원수에 대한 균등화지수를 나타낸 것이다. 이에 대한 설명으로 적절한 것은?

〈표〉 소비 항목별, 가구원수별 균등화지수

소비항목 \ 가구원수	2인	3인	4인	5인	6인
식료품비	1.0	1.6	2.0	2.3	2.5
의료비	1.0	1.3	1.5	1.6	1.6
교육비	1.0	1.8	2.5	3.0	3.3
기타 소비 지출	1.0	1.4	1.7	1.9	2.0

※ 균등화지수(Equivalence Scale)는 가구원수가 서로 다른 가계들 간의 생활수준을 비교하기 위한 지수임.

※ 가구원수별 균등화지수는 소비 항목별로 기준 가계(2인 가구)의 소비 지출액을 1.0으로 했을 때 가구의 소비 지출액을 표시함.

① 3인 가구의 경우 총 소비 지출액 중 교육비 지출액이 가장 많다.

② 5인 가구는 2인 가구의 총 소비 지출액의 2배 이상이다.

③ 가구원수 증가에 따른 소비 지출액 증가율이 가장 높은 소비항목은 식료품비이다.

④ 6인 가구의 식료품비 지출액은 2인 가구 식료품비 지출액의 2.5배이다.

⑤ 4인 가구의 경우 기타 소비 지출액이 의료비 지출액보다 많다.

정답해설 6인 가구의 식료품비 소비 지출액에 대한 균등화지수가 2.5이므로, 2인 가구에 비해 6인 가구의 식료품비 소비 지출액이 2.5배라 할 수 있다.

오답해설 ① 3인 가구의 균등화지수 중 교육비가 1.8로 가장 크다고 해서 3인 가구의 총 소비 지출액 중 교육비가 가장 크다고 볼 수는 없다. 균등화지수는 2인 가구의 소비항목별 소비 지출액을 1.0으로 했을 때 각 가구의 소비항목별 소비 지출액을 표시한 것이므로, 각 가구의 소비항목별 지출액의 차이를 알 수는 없다.

② 5인 가구의 소비항목별 균등화지수가 2인 가구에 비해 2배 이상인 항목도 있고, 2배 이하인 항목도 있다. ①에서 본 바와 같이 위의 〈표〉를 통해서는 특정 가구의 소비항목별 지출액 차이를 알 수 없으므로, 5인 가구가 2인 가구 총 소비 지출액의 2배 이상이라 단정할 수 없다.

③ 균등화지수를 통해 가구원수에 따른 소비항목별 지출액 증가 추이를 비교해 볼 때, 가구원수 증가에 따른 소비 지출액 증가율이 가장 높은 소비항목은 교육비이다.

⑤ 균등화지수는 2인 가구를 기준으로 소비항목별로 비교한 것이므로, 특정 가구의 소비 지출액 규모를 파악할 수는 없다. 따라서 ⑤도 적절하지 않다.

정답 04 ④

05 다음은 어느 기업의 신입사원 선발기준에 대한 내용이다. 이 기업의 선발기준에 따를 때, '갑'이 받게 될 총점은 얼마인가?

㉠ 총점은 1,000점을 만점으로 한다.

㉡ 총점의 구성 비율은 학업성적 40%, 직무적성시험 50%, 면접점수 10%로 한다.

㉢ 학업성적인 9개 등급으로 나누며, 1등급은 만점을 부여하고 등급이 하나씩 내려갈 때마다 학업성적 만점의 5%를 감점한다.

㉣ 직무적성시험의 성적은 10개 등급으로 구분하며, 1등급은 만점을 부여하고 등급이 하나씩 내려갈 때마다 직무적성시험 만점의 10%를 감점한다.

㉤ 면접점수는 결시자를 0점으로 하며, A자격 보유자에게는 면접 점수의 20%를 가산하되 가산점이 포함된 면접점수가 100점을 초과할 경우 100점으로 한다.

〈'갑'의 성적〉

- 학업성적 : 4등급
- 직무적성시험성적 : 3등급
- 면접점수 : 85점
- 자격 보유 : A자격증 보유

① 770점　② 772점
③ 815점　④ 840점
⑤ 842점

총점이 1,000점이므로, 각 구성별 만점은 학업성적이 400점, 직무적성시험이 500점, 면접이 100점이 된다. 학업성적은 한 등급마다 20점 차이가 나며, 직무적성시험성적은 50점 차이가 난다. 이를 토대로 '갑'의 성적을 살펴보면 다음과 같다.

- 학업성적 : 340점
- 직무적성시험성적 : 400점
- 면접점수 : 85점+(85점×0.2)=102점 → 100점이 초과되므로 100점으로 함

따라서 '갑'의 총점은 840점이 된다.

06 다음은 주택매매에 대한 '갑'과 '을' 간의 협상과정을 보여준다. 협상 결과가 (가)에서 (나)로 바뀌는 데 영향을 미친 요인들을 〈보기〉에서 모두 알맞게 고른 것은?

(가) '갑'은 시세가 3억 원짜리인 아파트를 사고 싶어 한다. 그러나 그만큼의 돈을 지불하고 싶은 생각이 없었기에 2억 5천만 원에 팔라고 집주인인 '을'에게 제의한다. 반면 '을'은 싼 가격에 급하게 팔 이유는 없다고 생각한다. 그리고 2억 7천 5백만 원이라는 가격을 제시한다. 결국 '갑'은 이 금액을 받아들여 계약 날짜를 정하고 헤어졌다.

(나) 약속한 계약일에 다시 만난 자리에서 '갑'은 '을'에게 한 달 안에 이사하고 싶다고 했다. '갑'은 현재 원룸에 거주하고 있어 불편할 뿐만 아니라 비용도 만만치 않게 들어 가급적 빨리 이사하고 싶었기 때문이다. '을'의 경우 일찍 집을 비우는 것은 그다지 큰 문제는 아니었지만, 애초에는 석 달 정도 더 머물고 이사할 계획이었다고 한다. 따라서 일찍 비워줄 경우 예상치 않은 비용이나 노력이 들어갈 것이 틀림없었다. 이에 '갑'은 두 달 정도 후에 이사할 수 있으면 5백만 원을 더 지불하겠다고 하였고 '을'이 이를 받아들여 결국 계약은 2억 8천만 원에 체결된다.

보기

㉠ 상대방의 요구를 수용할 때 발생하는 비용과 이익에 대한 인지
㉡ 협상과정에서 상대방의 요구를 충족시킬 만한 새로운 대안의 제시
㉢ 상대방이 최대한 얼마만큼 양보할 수 있는가에 대한 정보
㉣ 5백만 원은 '갑'의 노력과 '을'의 편리성을 보상하는 데에 적절한 액수라는 인식

① ㉠, ㉡
② ㉠, ㉢
③ ㉡, ㉢
④ ㉡, ㉣
⑤ ㉢, ㉣

㉠ 협상과정에서 갑과 을은 모두 상대방의 요구를 수용할 때 발생하는 비용과 이익에 대해 인지하고 있고, 이것이 협상을 바꾸는데 영향을 미치게 된다. 상대방의 요구를 수용할 때 발생하는 비용은, 갑의 경우 을에게 지불하는 5백만 원이 되며, 을의 경우 이사날짜를 한 달 앞당김으로써 발생하는 수고와 비용이다. 그리고 상대방의 요구를 수용할 때 발생하는 이익은, 갑의 경우 한 달 빨리 이사하게 되는 편의성과 절약되는 원룸 임대비용이며, 을의 경우 500만원이 된다. 따라서 ㉠은 협상 결과

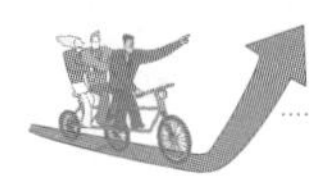

가 (가)에서 (나)로 바뀌는 데 영향을 미친 요인이 된다.

㉡ 협상과정에서 을이 한 달 이사를 앞당기고 이에 대해 갑은 매매 금액에 500만 원을 더 추가한다는 것은 상대방의 요구를 충족시킨 새로운 대안이라 할 수 있으며, 이를 통해 결국 (나)의 협상이 체결되었다. 따라서 ㉡도 협상 결과를 바꾸는데 영향을 미친 요인이 된다.

㉢ 갑과 을은 (가)의 협상결과가 (나)와 같은 결과로 바뀌는 과정에서 상대방이 최대한 얼마만큼 양보할 수 있는가에 대해 알고 있지 않았다. 즉, 갑의 경우 을이 얼마나 이사날짜를 앞당겨 줄 수 있는지 몰랐으며, 협상과정에 을에게 더 앞당겨 달라고 하면서 그 대가로 을이 요구한 500만 원이라는 추가 비용을 지불하게 된 것이다. 따라서 이는 협상 결과가 바뀌는데 영향을 미친 요인이라 할 수 없다.

㉣ (나)의 협상에서 추가로 발생한 5백만 원은 '갑'의 편리성과 '을'의 노력을 교환하는데 사용된 액수이다. 따라서 옳지 않은 내용이다.

07 **다음은 사건 A, B, C, D, E가 어떤 순서로 일어났는지에 대해 알아보기 위해 다음의 갑, 을, 병, 정 네 사람에게 조언을 구했다. 이 조언이 참이라면, 네 번째로 일어난 사건으로 가장 알맞은 것은?**

갑 : "A는 B와 E(또는 E와 B) 사이에 일어났다."
을 : "C는 A와 D(또는 D와 A) 사이에 일어났다."
병 : "D가 가장 먼저 일어났다."
정 : "A와 C는 연이어 일어나지 않았다."

① A ② B
③ C ④ E
⑤ A 또는 B

병의 조언을 통해 D가 가장 먼저 일어났다는 사실을 알 수 있다. 다음으로 갑의 조언에서 'B – A – E' 또는 'E – A – B'의 순서가 되며, 을의 조언에서 'A – C – D' 또는 'D – C – A'의 순서가 된다는 것을 알 수 있다. 그런데 D가 가장 먼저 일어났다는 것은 참이므로, 을의 조언에서 'D – C – A'의 순서(㉠)만 참이 된다. 정의 조언에 따라 A와 C는 연이어 일어나지 않았으므로, ㉠에 갑의 조언을 연결시키면 'D – C – B – A – E' 또는 'D – C – E – A – B'가 참이 된다는 것을 알 수 있다. 따라서 어떤 경우이든 네 번째로 일어난 사건은 'A'가 된다.

[08~09] 다음 〈표〉는 노인 인구 추이와 노년부양비, 노령화지수에 관한 자료이다. 이를 토대로 다음 물음에 알맞은 답을 고르시오.

〈표1〉 성별 노인 인구 추이

(단위 : 천 명)

구분	1990	1995	2000	2005	2010	2020	2030
전체	2,195	2,657	3,395	4,383	5,354	7,821	11,899
남자	822	987	1,300	1,760	2,213	3,403	5,333
여자	1,373	1,670	2,095	2,623	3,141	4,418	6,566

※ 노인 인구 : 65세 이상 인구

※ 성비 : 여자 100명 당 남자의 수

〈표2〉 노년부양비와 노령화지수

(단위 : 천 명)

구분	1990	1995	2000	2005	2010	2020	2030
노년부양비	7.4	8.3	10.1	12.6	14.9	21.8	37.3
노령화지수	20.0	25.2	34.3	47.4	66.8	124.2	214.8

※ 노년부양비 $= \frac{65세}{15\sim64세} \times 100$

※ 노령화지수 $= \frac{65세}{0\sim14세} \times 100$

정답 07 ①

08 다음 〈보기〉의 내용 중 옳은 것을 모두 고르면?

보기

㉠ 2010년 노인 인구 성비는 10년 전보다 낮아졌다.

㉡ 0~14세 인구 100명당 노인 인구는 2020년이 1990년보다 6배 이상이다.

㉢ 2005년 노년부양비는 10년 전에 비해 4.3% 증가하였고, 2005년에 비해 2030년에는 24.7% 증가할 것이다.

① ㉠ ② ㉡

③ ㉢ ④ ㉠, ㉡

⑤ ㉡, ㉢

정답해설 ㉡ 0~14세 인구 100명당 노인 인구는 노령화지수를 의미한다. 따라서 2020년 노령화지수는 124.2%로, 1990년 노령화지수인 20.0보다 6배 이상이 된다.

㉢ 2005년 노년부양비(12.6%)는 10년 전인 1995년 노년부양비(8.3%)에 비해 4.3% 증가하였고, 2005년 노년부양비에 비해 2030년 노년부양비(37.3%)는 24.7.2% 증가할 것이다.

오답해설 ㉠ 2010년 노인 인구 성비는 '$\frac{2,213}{3,141}\times 100 ≒ 70.5$명'이고, 2000년 노인 인구 성비는 '$\frac{1,300}{2,095}\times 100 ≒ 62.1$명'이다. 따라서 2010년 노인 인구 성비는 10년 전보다 높아졌다.

09 2020년에는 15~64세 인구 몇 명이 노인 한 명을 부양하게 되는가?

① 대략 5.2명 ② 대략 4.9명

③ 대략 4.6명 ④ 대략 4.3명

⑤ 대략 4.0명

정답 해설 15~64세 인구 당 노인인구 비율은 나타내는 개념은 노년부양비이다. 2020년의 노년부양비는 21.8%이다. 따라서 15~64세 인구가 100명일 때 노인 인구는 21.8명이 된다. 따라서 15~64세 인구는 노인 인구의 '$\frac{100}{21.8}$≒4.6(배)' 정도가 되므로, 15~64세 인구 4.6명 정도가 노인 한 명을 부양하게 된다.

이를 제시된 인구수를 통해 구하면 다음과 같다. 2020년의 경우 65세 이상의 노인 인구가 7,821(천 명)이고 노년부양비가 21.8(%)이므로 '21.8=$\frac{7,821}{15\sim64세}$×100'이 성립한다. 여기서 15~64세의 인구는 대략 '35,876(천 명)'이므로, '$\frac{35,876}{7,821}$≒4.6(명)'이 된다. 즉, 15~64세의 인구 4.6명 정도가 노인 한 명을 부양하게 된다.

10 다음 〈기준〉과 〈현황〉을 근거로 판단할 때, 지방자치단체 A~D 중 중점관리대상만을 모두 고르면?

〈기준〉

○ 지방재정위기 사전경보지표

(단위 : %)

지표 / 경보 구분	통합재정 수지적자 비율	예산대비 채무비율	채무 상환비 비율	지방세 징수액 비율	금고잔액 비율	공기업 부채비율
주의	25 초과 50 이하	25 초과 50 이하	12 초과 25 이하	25 이상 50 미만	10 이상 20 미만	400 초과 600 이하
심각	50 초과	50 초과	25 초과	25 미만	10 미만	600 초과

○ 중점관리대상 지방자치단체 지정기준

– 6개의 사전경보지표 중 '심각'이 2개 이상이면 중점관리대상으로 지정

– '주의' 2개는 '심각' 1개로 간주

〈현황〉

(단위 : %)

지표 / 지방자치단체	통합재정 수지적자 비율	예산대비 채무비율	채무 상환비 비율	지방세 징수액 비율	금고잔액 비율	공기업 부채비율
A	15	20	6	45	17	650
B	40	30	10	40	22	350
C	30	20	15	60	30	250
D	60	30	30	55	25	150

① A, C
② A, D
③ B, C
④ B, D
⑤ A, B, D

사전경보지표 중 '심각'이 2개 이상이면 중점관리대상으로 지정되며, '주의' 2개는 '심각' 1개로 간주한다고 하였다. 제시된 〈현황〉별로 대상 여부를 판정하면 다음과 같다.

지표 / 지방자치단체	통합재정 수지적자 비율	예산대비 채무비율	채무 상환비 비율	지방세 징수액 비율	금고잔액 비율	공기업 부채비율	대상 여부
A	15	20	6	45 주의	17 주의	650 심각	대상
B	40 주의	30 주의	10	40 주의	22	350	비대상
C	30 주의	20	15 주의	60	30	250	비대상
D	60 심각	30 주의	30 심각	55	25	150	대상

따라서 중점관리대상으로 지정되는 지방자치단체는 A, D가 된다.

[11~12] 다음 〈표〉는 '갑'국의 2016년 11월 군인 소속별 1인당 월지급액에 대한 자료이다. 이를 토대로 물음에 알맞은 답을 고르시오.

〈표〉 2016년 11월 군인 소속별 1인당 월지급액

(단위 : 원, %)

구분 \ 소속	육군	해군	공군	해병대
1인당 월지급액	210,000	240,000	250,000	200,000
군인수 비중	30	20	30	20

※ 1) '갑'국 군인의 소속은 육군, 해군, 공군, 해병대로만 구분됨.
2) 2016년 11월, 12월 '갑'국의 소속별 군인수는 변동 없음.

1DAY 2DAY 3DAY

11 다음 〈보기〉의 설명 중 옳은 것을 모두 고르면?

보기

㉠ 2016년 12월에 1인당 월지급액이 모두 동일한 액수만큼 증가한다면, 전월대비 1인당 월지급액 증가율은 해병대가 가장 높다.

㉡ 2016년 11월 전체 군인의 월지급액 합계가 가장 큰 곳은 육군이다.

㉢ 2016년 12월에 1인당 월지급액이 해군 10%, 해병대 12% 증가한다면, 해군의 전월대비 월지급액 증가분은 해병대의 전월대비 월지급액 증가분과 같다.

㉣ 2016년 11월 공군과 해병대의 월지급액 차이는 육군과 해군의 월지급액 차이의 2배 이하이다.

① ㉠, ㉡
② ㉠, ㉢
③ ㉡, ㉢
④ ㉡, ㉣
⑤ ㉢, ㉣

정답해설 ㉠ 2016년 12월에 증가한 월지급액을 a라 한다면, 전월대비 1인당 월지급액 증가율은 '$\frac{a}{2016년\ 11월\ 1인당\ 월지급액} \times 100$'이 된다. 여기서 a는 모두 같으므로, 2016년 11월 1인당 월지급액이 가장 작은 곳이 전월대비 1인당 월지급액 증가율이 가장 높다. 따라서 해병대가 가장 높

다.

㉢ 해군의 2016년 12월 1인당 월지급액이 10% 증가한다면, 전월대비 월지급액의 증가분은 '24,000원'이 된다. 해병대의 2016년 12월 1인당 월지급액이 12% 증가한다면, 전월대비 월지급액 증가분은 '24,000원'이 된다. 따라서 두 증가분은 같다.

오답 해설 ㉡ 전체 군인의 월지급액 합계가 큰 곳은 1인당 월지급액이 많고 군인수의 비중이 큰 곳이다. 따라서 1인당 월지급액이 가장 많고 군인수 비중도 큰 공군의 월지급액 합계가 가장 크다.

㉣ '갑'국의 전체 군인수를 b(명)이라 한다면, 2016년 11월 공군의 월지급액은 '$b \times 0.3 \times 250{,}000 = 75{,}000b$(원)'가 되고, 해병대의 월지급액은 '$b \times 0.2 \times 200{,}000 = 40{,}000b$(원)'이 되므로 2016년 11월 공군과 해병대의 월지급액 차이는 '$35{,}000b$(원)'이 된다. 이런 방식으로 계산하면 2016년 11월 육군과 해군의 월지급액 차이는 '$15{,}000b$(원)'이 되므로, 공군과 해병대의 월지급액 차이는 육군과 해군의 월지급액 차이의 2배 이상이 된다.

12 2016년 11월 '갑'국 전체 군인의 1인당 월지급액을 구하면?

① 224,000원
② 225,000원
③ 226,000원
④ 227,000원
⑤ 228,000원

정답 해설 전체 군인의 1인당 월지급액은 전체 군인의 월지급액 합을 군인수로 나눈 값이 된다. '갑'국의 전체 군인수를 b(명)이라 한다면, 2016년 11월 육군의 월지급액 합은 '$b \times 0.3 \times 210{,}000 = 63{,}000b$(원)'이 되며, 해군의 월지급액 합은 '$48{,}000b$(원)', 공군의 월지급액 합은 '$75{,}000b$(원)', 해병대의 월지급액 합은 '$40{,}000b$(원)'이 된다. 따라서 전체 군인의 월지급액 합은 '$226{,}000b$(원)'이므로 전체 군인의 1인당 월지급액은 '226,000원'이 된다.

13 다음 조건을 근거로 판단할 때, 〈보기〉에서 옳은 것만을 모두 고르면? (단, 다른 조건은 고려하지 않는다.)

〈조건〉

다양한 중량의 화물 12개를 아래의 방법에 따라 최소 개수의 컨테이너에 넣으려고 한다. 각각의 화물 중량은 아래와 같고, 좌측부터 순서대로 도착했다. 하나의 화물을 분리하여 여러 컨테이너에 나누어 넣을 수 없으며, 한번 잠긴 컨테이너에는 화물을 추가로 넣을 수 없다.

*도착 순서 : 6, 5, 5, 4, 2, 3, 6, 5, 4, 5, 7, 8 (단위 : 톤)

방법 1. 도착한 순서대로 화물을 컨테이너에 넣는다. 화물을 넣어 10톤이 넘을 경우, 그 화물은 넣지 않고 컨테이너를 잠근다. 그 후 화물을 다음 컨테이너에 넣는다.

방법 2. 모든 화물을 중량 순으로 재배열한 후 무거운 화물부터 순서대로 컨테이너에 넣는다. 화물을 컨테이너에 넣어 10톤이 넘을 경우, 그 화물은 넣지 않고 컨테이너를 잠근다. 그 후 화물을 다음 컨테이너에 넣는다.

보기

㉠ 방법 1과 방법 2의 경우, 필요한 컨테이너의 개수가 같다.

㉡ 방법 1의 경우, 10톤까지 채워지지 않은 컨테이너에 들어간 화물 중량의 합은 50톤이다.

㉢ 방법 2의 경우, 10톤이 채워진 컨테이너의 수는 3개이다.

① ㉠　② ㉡

③ ㉢　④ ㉠, ㉡

⑤ ㉡, ㉢

정답해설 ㉠ 주어진 두 방법에 따라 화물을 채우는 경우는 다음과 같다.

방법 1 : 6, 5+5, 4+2+3, 6, 5+4, 5, 7, 8 → 컨테이너 8개가 필요함

방법 2 : 8, 7, 6, 6, 5+5, 5+5, 4+4, 3+2 → 컨테이너 8개가 필요함

따라서 방법 1과 방법 2 모두 필요한 컨테이너 수는 8개로 같다.

㉡ 방법 1의 경우, 10톤까지 채워지지 않은 컨테이너에 들어간 화물 중량의 합은 '6+9+6+9+5+7+8=50(톤)'이 된다.

오답해설 ㉢ 방법 2의 경우, 10톤이 채워진 컨테이너의 수는 2개이다.

정답 12 ③ | 13 ④

14 다음 글을 근거로 판단할 때, 〈보기〉에서 옳은 것만을 모두 고르면?

□ 사업개요

1. 사업목적
   - 취약계층 아동에게 맞춤형 통합서비스를 제공하여 아동의 건강한 성장과 발달을 도모하고, 공평한 출발기회를 보장함으로써 건강하고 행복한 사회구성원으로 성장할 수 있도록 지원함
2. 사업대상
   - 0세~만 12세 취약계층 아동

     ※ 0세는 출생 이전의 태아와 임산부를 포함

     ※ 초등학교 재학생이라면 만 13세 이상도 포함

□ 운영계획

1. 지역별 인력구성
   - 전담공무원 : 3명
   - 아동통합서비스 전문요원 : 4명 이상

     ※ 아동통합서비스 전문요원은 대상 아동 수에 따라 최대 7명까지 배치 가능
2. 사업예산
   - 시 · 군 · 구별 최대 3억 원(국비 100%) 한도에서 사업 환경을 반영하여 차등지원

     ※ 단, 사업예산의 최대 금액은 기존사업지역 3억 원, 신규사업지역 1억 5천만 원으로 제한

보기

㉠ 내년에 초등학교를 졸업하는 만 15세의 취약계층 학생은 사업대상이 아니다.

㉡ 임신 8개월인 취약계층 임산부는 사업대상에 해당되지 않는다.

㉢ 대상 아동 수가 많은 지역이더라도 해당 지역의 운영 인력은 전담공무원과 이동통합서비스 전문요원을 합쳐 10명을 초과할 수 없다.

㉣ 해당 사업을 처음으로 추진하는 시는 최대 1억 5천만 원까지 국비로 지원받을 수 있다.

① ㉠, ㉡　② ㉠, ㉢

③ ㉠, ㉣　④ ㉡, ㉢

⑤ ㉢, ㉣

정답 해설 ㉢ 사업 운영계획에서 지역별 인력은 전담공무원이 3명이며, 이동통합서비스 전문요원은 대상 아동 수에 따라 최대 7명까지 배치할 수 있다고 했으므로, 모두 합쳐 10명을 초과할 수는 없다. 따라서 ㉢은 옳다.

㉣ 신규사업지역의 경우 1억 5천만 원까지 사업예산을 지원할 수 있다고 했으므로, 옳은 내용이다.

오답 해설 ㉠ 사업대상에 대한 내용에서 초등학교 재학생이라면 만 13세 이상도 대상에 포함된다고 하였으므로, ㉠은 옳지 않다.

㉡ 출생 이전의 태아와 임산부도 사업대상에 해당된다고 하였다.

15 어제까지 만 17세이고 한국 나이로는 18세인 '갑'은, 어제부터 366일 후에는 한국 나이로 20세가 되기 때문에 입사 시험에 응시할 수 있다고 한다. 다음 중 이 조건이 충족되기 위해 전제되는 조건으로 모두 옳은 것은?

㉠ 올해는 윤년이어야 한다.
㉡ 어제는 12월 31일이어야 한다.
㉢ 양력으로 계산하여야 한다.
㉣ 어제부터 366일 후에는 1월 2일이 되어야 한다.

① ㉠, ㉡
② ㉠, ㉢
③ ㉡, ㉢
④ ㉡, ㉣
⑤ ㉢, ㉣

정답 해설 ㉡ 1년은 365일이므로, 어제까지 한국 나이로 18세인 학생이 366일 후에 한국 나이로 20세가 되기 위해서는 어제는 12월 31일이 되어야 한다.

㉢ 1년을 365일로 계산한 것이므로 양력으로 계산한 것이다.

오답 해설 ㉠ 윤년이 되는 경우 1년이 366일이 되므로, 어제가 12월 31일인 경우 366일 후 한국 나이로 아직 19세이다. 따라서 올해가 윤년이어서는 안 된다.

㉣ 어제(12월 31일)부터 366일 후에는 1월 1일이 된다.

정답 14 ⑤ | 15 ③

[16~17] 다음 제시된 글을 근거로 하여 물음에 알맞은 답을 고르시오.

1678년 영의정 허적(許積)의 제의로 상평통보(常平通寶)가 주조 · 발행되어 널리 유통된 이유는 다음과 같다. 첫째, 국내적으로 조정이 운영하는 수공업이 쇠퇴하고 민간이 운영하는 수공업이 발전함으로써 국내 시장의 상품교류가 확대되고, 1645년 회령 지방을 시초로 국경무역이 활발해짐에 따라 화폐의 필요성이 제기되었기 때문이다. 둘째, 임진왜란 이후 국가 재정이 궁핍하였으나 재정 지출은 계속해서 증가함에 따라 재원 마련의 필요성이 있었기 때문이다.

1678년에 발행된 상평통보는 초주단자전(初鑄單字錢)이라 불리는데, 상평통보 1문(개)의 중량은 1전 2푼이고 화폐 가치는 은 1냥을 기준으로 400문으로 정하였으며 쌀 1되가 4문이었다.

1679년 조정은 상평통보의 규격을 변경하였다. 초주단자전을 대신하여 당이전(當二錢) 또는 절이전(折二錢)이라는 대형전을 주조 · 발행하였는데, 중량은 2전 5푼이었고 은 1냥에 대한 공인 교환율도 100문으로 변경하였다.

1678년부터 1680년까지 상평통보 주조 · 발행량은 약 6만 관으로 추정되고 있다. 당이전의 화폐 가치는 처음에는 제대로 유지되었지만 조정이 부족한 재원을 마련하기 위해 발행을 증대하면서 1689년에 이르러서는 은 1냥이 당이전 400~800문이 될 정도로 그 가치가 폭락하였다. 1681년부터 1689년까지의 상평통보 주조 · 발행량은 약 17만 관이었다.

1752년에는 훈련도감, 어영청, 금위영 등 중앙의 3개 군사 부서와 지방의 통영에서도 중형상평통보(中型常平通寶)를 주조 · 발행하도록 하였다. 중형상평통보의 액면 가치는 당이전과 동일하지만 중량이 약 1전 7푼(1757년에는 1전 2푼)으로 당이전보다 줄어들고 크기도 축소되었다.

※ 상평통보 묶음단위 : 1관＝10냥＝100전＝1,000문

※ 중량단위 : 1냥＝10전＝100푼＝1,000리＝$\frac{1}{16}$근

16 다음 〈보기〉의 내용 중 옳은 것을 모두 고르면?

보기

㉠ 초주단자전, 당이전, 발행당시의 중형상평통보 중 가장 가벼운 것은 초주단자전이다.

㉡ 은을 기준으로 환산할 때 상평통보의 가치는 경우에 따라 $\frac{1}{4}$ 이하로 떨어지기도 하였다.

㉢ 1678년을 기준으로 은 1근은 같은 해에 주조 · 발행된 상평통보 4,600문의 가치를 가진다.

㉣ 상평통보는 국가 재정상의 필요성 때문이 아니라 국내 상품교류 및 국경무역 활성화에 따라 주조 · 발행되었다.

① ㉠, ㉡　　② ㉠, ㉢

③ ㉡, ㉢　　④ ㉡, ㉣

⑤ ㉢, ㉣

㉠ 둘째 단락에서 초주단자전 1문(개)의 중량은 1전 2푼이라 하였고, 셋째 단락에서 당이전(절이전)의 중량은 2전 5푼이라 하였으며, 다섯째 단락에서 1752년 발행당시의 중형상평통보의 중량은 약 1전 7푼이라 하였다. 따라서 셋 중 가장 가벼운 것은 초주단자전이다.

㉡ 셋째 단락에서 초주단자전을 대신하여 당이전 발행되었는데 은 1냥에 대한 공인 교환율도 100문이었다고 하였고, 넷째 단락에서 당이전의 화폐 가치는 1689년에 이르러서는 은 1냥이 당이전 400~800문이 될 정도로 그 가치가 폭락하였다고 하였다. 따라서 ㉡도 옳은 내용이 된다.

오답해설

㉢ 둘째 단락에서 1678년에는 은 1냥을 기준으로 400문으로 정하였다고 했는데, 중량단위에서 1근은 16냥이 되므로 은 1근은 '16×400=6,400문'이 된다. 따라서 ㉢은 옳지 않다.

㉣ 첫째 단락에서 상평통보는 국내 시장의 상품교류 확대와 국경무역의 활성화, 국가 재정의 궁핍에 따른 재원 마련의 필요성 때문에 주조 · 발행되었다고 하였다.

17 **1678년부터 1689년까지 주조 · 발행된 상평통보의 양으로 가장 알맞은 것은?**

① 6만 관 ② 17만 관

③ 23만 문 ④ 6,000만 문

⑤ 2억 3,000만 문

정답 해설 넷째 단락에서 1678년부터 1680년까지 상평통보 주조 · 발행량은 약 6만 관으로 추정된다고 하였고, 1681년부터 1689년까지의 상평통보 주조 · 발행량은 약 17만 관이었다고 하였다. 따라서 이 기간 동안 상평통보는 대략 '6만 관＋17만 관＝23만 관'이 주조 · 발행되었다. 상평통보 묶음단위에서 보면 '1관＝1,000문'이므로, 상평통보는 대략 '23만×1,000＝2억 3,000만 문'이 주조 · 발행되었다.

18 **빛공해로부터 주민생활을 보호하기 위해 주택에서 받는 빛의 조도가 28을 초과할 경우 관리대상주택으로 지정한다고 한다. 다음의 〈조건〉을 근거로 판단할 때, 주택 'A~E' 중 관리대상주택의 수는?**

〈조건〉

주택에 도달하는 빛의 조도를 다음과 같이 예측한다.

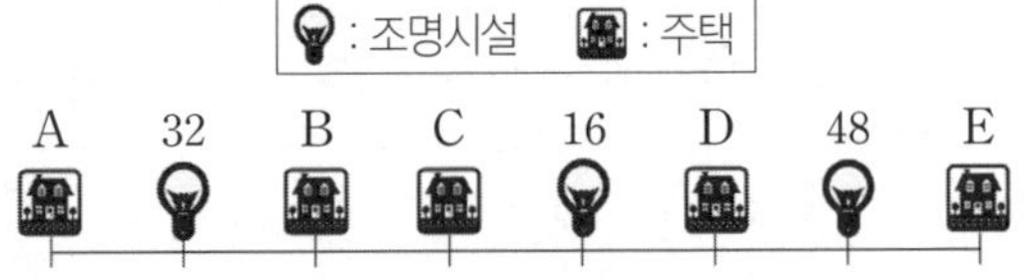

1. 각 조명시설에서 방출되는 광량은 그림에 표시된 값이다.
2. 위 그림에서 조명시설과 주택 1칸의 거리는 2이며, 빛의 조도는 조명시설에서 방출되는 광량을 거리로 나눈 값이다.
3. 여러 조명시설로부터 동시에 빛이 도달할 경우, 각 조명시설로부터 주택에 도달한 빛의 조도를 예측하여 단순 합산한다.
4. 주택에 도달하는 빛은 그림에 표시된 세 개의 조명시설에서 방출되는 빛 외에는 없다고 가정한다.

① 1채
② 2채
③ 3채
④ 4채
⑤ 5채

정답 해설 조명시설과 주택 1칸의 거리는 2이며, 빛의 조도는 조명시설에서 방출되는 광량을 거리로 나눈 값이라고 하였으므로, 주택별로 받게 되는 조도의 합을 구하면 다음과 같다.

- A : $\frac{32}{2}+\frac{16}{8}+\frac{48}{12}=16+2+4=22$
- B : $\frac{32}{2}+\frac{16}{4}+\frac{48}{8}=16+4+6=26$
- C : $\frac{32}{4}+\frac{16}{2}+\frac{48}{6}=8+8+8=24$
- D : $\frac{32}{8}+\frac{16}{2}+\frac{48}{2}=4+8+24=36$
- E : $\frac{32}{12}+\frac{16}{6}+\frac{48}{2}\fallingdotseq 2.7+2.7+24\fallingdotseq 29.4$

빛의 조도가 28을 초과할 경우 관리대상주택으로 지정한다고 했으므로, 관리대상주택의 수는 '2채'(D, E 주택)이다.

19 **다음 〈표〉는 A, B, C 세 구역으로 구성된 '갑'시 거주구역별, 성별 인구분포에 관한 자료이다. '갑'시의 남성 인구는 200명, 여성 인구는 300명일 때 이에 대한 〈보기〉의 설명 중 옳은 것만을 모두 고르면?**

〈표〉 '갑'시 거주구역별, 성별 인구분포

(단위 : %)

성별 \ 거주구역	A	B	C	합
남성	15	55	30	100
여성	42	30	28	100

보기

㉠ B구역의 여성 인구는 A구역 남성 인구의 두 배이다.
㉡ A구역의 인구는 C구역 인구보다 많다.
㉢ C구역은 남성 인구가 여성 인구보다 많다.
㉣ B구역 남성 인구의 절반이 C구역으로 이주하더라도, C구역 인구는 '갑'시 전체 인구의 40% 이하이다.

① ㉠, ㉡
② ㉠, ㉢
③ ㉡, ㉢
④ ㉡, ㉣
⑤ ㉢, ㉣

 ㉡ '갑'시의 거주구역별 · 성별 인구수를 구하면 다음과 같다.

성별 \ 거주구역	A	B	C	합
남성	30명	110명	60명	200명
여성	126명	90명	84명	300명

따라서 A구역의 인구(156명)는 C지역의 인구(144명)보다 많다.

㉣ B구역 남성 인구의 절반(55명)이 C구역으로 이주하는 경우 C구역 인구는 '199명'이 되므로, '갑'시 전체 인구(500명)의 40% 이하이다.

 ㉠ B구역의 여성 인구(90명)는 A구역 남성 인구(30명)의 3배가 된다.
㉢ C구역의 여성 인구(84명)가 남성 인구(60명)보다 많다.

20 다음 〈표〉는 우리나라 20대 이상 성인들을 대상으로 분야별 부패정도와 부패의 원인에 대한 인식을 조사한 것이다. 〈보기〉의 내용 중 조사결과를 바르게 해석한 것을 모두 고르면?

〈표1〉 분야별 부패정도에 대한 인식

(단위 : %)

구분	정계(관료 포함)	재계	법조계	교육계	기타
20~30대	64.5	15.8	7.3	5.9	6.5
40~50대	65.2	18.8	4.4	5.6	6.0
60대 이상	60.4	23.6	3.0	6.4	6.6

〈표2〉 부패의 원인에 대한 인식

(단위 : %)

구분	저임금	정경유착	뇌물 및 상납관행	온정주의	무응답
20~30대	11.2	44.4	36.0	7.4	1.0
40~50대	23.6	27.2	40.4	7.5	1.3
60대 이상	54.8	12.4	17.2	10.5	5.1

보기

㉠ 모든 연령층의 응답자들이 가장 부패했다고 인식하는 분야는 정치권의 부패이다.

㉡ 20~30대는 정경유착을 부패의 원인이라고 인식하는 비율이 상대적으로 높고, 40~50대는 뇌물 및 상납관행이 부패의 원인이라 인식하는 비율이 상대적으로 높다.

㉢ 연령층이 높아질수록 부패의 원인이 온정주의라고 응답한 사람 수가 많아진다.

㉣ 위의 〈표〉에 의하면 부패척결을 위해서는 저임금 문제를 해결하는 것이 가장 우선적이다.

① ㉠, ㉡
② ㉠, ㉢
③ ㉡, ㉢
④ ㉡, ㉣
⑤ ㉢, ㉣

정답 20 ①

㉠ 〈표1〉에서 연령대에 관계없이 가장 부패했다고 인식하는 분야는 정계임을 알 수 있다.
㉡ 〈표2〉에서 20~30대는 정경유착이, 40~50대는 뇌물 · 상납관행이 부패의 원인이라 인식하는 비율이 상대적으로 높음을 알 수 있다.

㉢ 연령층이 높아질수록 부패의 원인이 온정주의라고 응답한 비율이 상대적으로 높아지는 것은 맞지만, 연령층별 인구비율을 알 수 없으므로 사람 수를 파악할 수는 없다.
㉣ 저임금 문제는 60대 이상이 가장 큰 부패의 원인으로 보고 있으나 다른 연령층은 이와 차이가 있으며, 연령층별 인구비율을 알 수 없는 상황에서 가장 우선적으로 해결해야 할 문제라 단정할 수도 없다.

조직이해능력 / 대인관계능력 / 자원관리능력

01 조직의 경영전략은 경영자의 경영이념이나 조직의 특성에 따라 다양하다. 이 중 대표적인 경영전략으로 마이클 포터(M. Porter)의 본원적 경쟁전략이 있다. 본원적 경쟁전략은 해당 사업에서 경쟁우위를 확보하기 위한 전략으로, 크게 3가지로 구분된다. 다음 글의 내용은 본원적 경쟁전략 중 무엇에 대한 설명인가?

> 이 전략은 특정 시장이나 고객에게 한정된 전략으로, 다른 전략이 산업 전체를 대상으로 하는 것에 비해 특정 산업을 대상으로 하는 특징을 지닌다. 이는 경쟁조직들이 소홀히 하고 있는 한정된 시장을 다른 전략을 사용하여 집중적으로 공략하는 방법에 해당한다.

① 차별화전략 ② 집중화전략
③ 원가우위전략 ④ 성장전략
⑤ 안정전략

정답해설 마이클 포터는 경쟁전략의 유형 중에 가장 기본이 되는 전략 유형을 본원적 경쟁전략이라고 하고, 원가우위전략, 차별화전략, 집중화전략 등을 구체적 전략으로 제시하였는데, 제시된 글의 내용은 집중화전략에 대한 설명이다. 집중화전략은 특정 시장이나 고객에게 한정된 전략으로, 원가우위전략이나 차별화전략이 산업 전체를 대상으로 하는 것에 비해 집중화전략은 특정 산업을 대상으로 한다. 차별화전략은 경쟁조직들이 소홀히 하고 있는 한정된 시장을 원가우위나 차별화전략을 써서 집중적으로 공략하는 방법이라 할 수 있다.

오답해설
① 차별화전략은 조직이 생산품이나 서비스를 차별화하여 고객에게 가치가 있고 독특하게 인식되도록 하는 전략이다. 차별화전략을 활용하기 위해서는 연구개발이나 광고를 통하여 기술이나 품질, 서비스, 브랜드 이미지를 개선할 필요가 있다.
③ 원가우위전략은 원가절감을 통해 해당 산업에서 우위를 점하는 전략으로, 이를 위해서는 대량생산을 통해 단위 원가를 낮추거나 새로운 생산기술을 개발할 필요가 있다. 1970년대 우리나라의 섬유업체나 신발 및 가발업체 등이 미국시장에 진출할 때 취한 전략이 여기에 해당한다.
④ 기업경영전략으로서의 성장전략은 기업의 외형을 키우고 시장점유율을 높이는 방식으로 기업을 성장시켜 나가려는 전략을 말하며, 구체적 종류로는 집약성장과 통합성장, 다각성장이 있다.
⑤ 안정전략은 기업의 확장보다는 현 상태의 유지 등에 집중하는 전략으로, 구조조정 등을 통하여 기

업의 현금유출을 최소화하고 현금유입을 최대화하려는 전략을 말한다.

02 다음은 국내의 한 커피전문점에 대한 SWOT 분석이다. 이를 토대로 도출할 수 있는 ST전략(강점 · 위협전략)으로 가장 알맞은 것은?

강점(Strength)	약점(Weakness)
• 투자 기업의 막대한 자본력 • 원재료의 안정적 공급망 확보 • 긍정적 회사 이미지 구축 • 맛과 품질이 우수한 1개 상품 확보	• 국내 커피전문점의 경쟁 격화 • 후발주자로서 인지도 부족 • 해외시장 확보 미비
기회(Opportunity)	**위협(Threat)**
• 커피에 대한 수요 증가 • 커피전문점에 대한 이미지 개선 • 신규 판매 시장의 확보	• 카페인에 대한 소비자 우려 증가 • 세계적 브랜드이미지를 갖춘 경쟁기업 존재 • 생수 및 탄산음료 시장의 확대 추세 • 국가별 강력한 현지 브랜드 존재

① 안정적 공급을 통한 신규 시장의 수요 확보

② 인지도 제고를 통한 현지 브랜드와의 경쟁력 강화

③ 양질의 상품 공급을 통한 소비자 우려 해소

④ 신규 시장에서의 인지도 향상에 주력

⑤ 해외의 탄산음료 시장에 대한 집중 공략

정답해설 ③은 품질이 우수한 상품을 공급함으로써 카페인에 대한 소비자 우려를 해소한다는 것이므로 ST전략(강점 · 위협전략)에 해당한다.

오답해설 ① SO전략(강점 · 기회전략)에 해당한다.

② · ⑤ 모두 WT전략(약점 · 위협전략)에 해당한다.

④ WO전략(약점 · 기회전략)으로 볼 수 있다.

03 다음 중 이문화 커뮤니케이션에 대한 설명으로 적절하지 않은 것은?

① 이문화 커뮤티케이션도 문화적 상대성에 대한 이해를 토대로 접근해야 한다.

② 직업인이 문화배경을 달리하는 사람과 함께 일하는 경우 이문화 커뮤니케이션 능력이 필요하다.

③ 이문화 커뮤니케이션은 언어적 커뮤니케이션과 비언어적인 커뮤니케이션으로 구분될 수 있다.

④ 국제관계에서는 언어적 커뮤니케이션이 비언어적 커뮤니케이션보다 오해를 초래하는 경우가 더 많다.

⑤ 같은 행동이라도 국가별 문화배경에 따라 다르게 받아들여질 수 있으므로, 반드시 국제매너를 습득해야 한다.

1DAY 2DAY 3DAY

정답 해설 국제관계에서는 언어적 커뮤니케이션보다 비언어적 커뮤니케이션에서 오해를 불러일으키는 경우가 많다. 따라서 ④는 적절하지 않은 설명이다.

오답 해설 ① 이문화 이해는 내가 속한 문화와 다르다고 해서 무조건 나쁘거나 저급한 문화로 여기는 것이 아니라 그 나라 고유의 문화를 인정하고 해야 할 일과 해서는 안 되는 일을 구별할 수 있는 것을 말하므로, 문화적 상대성을 인정하는 태도가 필요하다. 따라서 이문화 커뮤니케이션도 이러한 문화적 상대성에 대한 이해를 토대로 접근해야 한다.

② 직업인이 문화배경을 달리하는 외국인과 함께 일을 하려면 이문화 이해에 기반을 둔 이문화 커뮤니케이션 능력이 전제되어야 한다.

③ 이문화 커뮤니케이션은 상이한 문화 간의 의사소통으로, 언어적 커뮤니케이션과 비언어적 커뮤니케이션으로 구분될 수 있다.

⑤ 같은 행동이라 하더라도 문화적 배경에 따라 다르게 받아들여질 수 있으므로, 인사하는 법이나 식사예절과 같은 국제매너를 알아둘 필요가 있다.

정답 02 ③ | 03 ④

04 다음 중 경영에 관한 설명으로 가장 적절하지 않은 것은?

① 경영은 인적자원의 직무수행에 기초하므로 인적자원의 배치 및 활용이 중요하다.

② 최근에는 경영 조직을 둘러싼 환경이 급변하면서 이에 대한 적응 전략이 강조되고 있다.

③ 경영은 경영의 대상인 조직과 조직 목적, 경영의 내용인 전략 · 관리 · 운영으로 이루어진다.

④ 최근의 경영은 의사결정 전략보다는 투입되는 자원을 최소화하거나 이를 통해 목표를 최대한 달성하기 위한 관리라는 측면이 강조된다.

⑤ 경영전략은 경영활동을 체계화하는 것으로, 목표달성을 위한 수단이 된다.

정답 해설 과거에는 경영을 단순히 투입되는 자원을 최소화하거나 주어진 자원을 이용하여 목표를 최대한 달성하기 위한 관리(management)라 생각하였으나, 경영은 관리 이외에도 조직의 목적을 설정하고 이를 달성하기 위하여 의사결정을 하는 전략이나 관리활동을 수행하는 운영도 중요하다. 따라서 ④는 적절하지 않은 설명이 된다.

오답 해설 ① 경영은 경영목적, 인적자원, 자금, 경영전략의 4요소로 구성되는데, 인적자원은 조직에서 일하는 구성원으로 경영은 이들의 직무수행에 기초하여 이루어지므로 인적자원의 배치 및 활용이 중요하다.

② 최근에는 경영 조직을 둘러싼 환경이 급변하면서 이에 적응하기 위한 전략이 중요해지고 있다.

③ 경영은 한마디로 조직의 목적을 달성하기 위한 전략 · 관리 · 운영활동으로, 경영의 대상인 조직과 조직의 목적, 경영의 내용인 전략 · 관리 · 운영으로 이루어진다.

⑤ 경영전략은 조직이 변화하는 환경에 적응하기 위하여 경영활동을 체계화하는 것으로, 목표달성을 위한 수단이 된다. 이러한 경영전략은 조직의 목적에 따라 전략목표를 설정하고 조직의 내 · 외부 환경을 분석하여 도출된다.

05 다음 글의 빈칸에 공통적으로 들어갈 말로 가장 알맞은 것은?

조직이 새로운 아이디어나 행동을 받아들이는 것을 조직변화라고 하며, 이러한 조직변화는 제품과 서비스, 전략 및 구조, 기술, 문화 등 여러 측면에서 이루어질 수 있다. 일반적으로 조직의 변화는 (   )를 인지하는 데에서 시작하는데, (   )가 인지되면 이에 적응하기 위한 조직변화 방향을 수립하고 조직변화를 실행하며, 마지막으로 조직개혁의 진행사항과 성과를 평가하게 된다.

① 제품이나 서비스의 변화
② 전략이나 구조의 변화
③ 기술의 변화
④ 문화의 변화
⑤ 환경의 변화

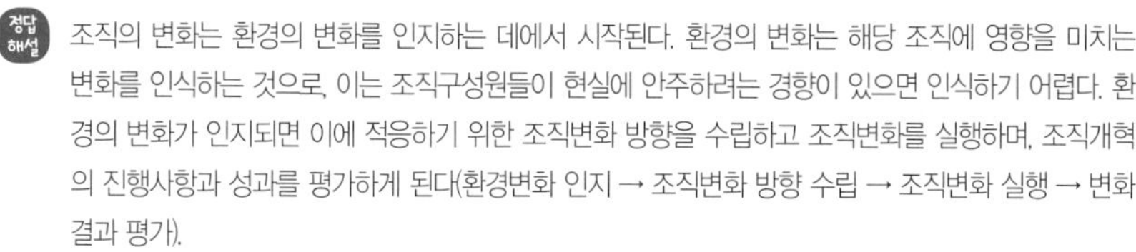
정답해설 조직의 변화는 환경의 변화를 인지하는 데에서 시작된다. 환경의 변화는 해당 조직에 영향을 미치는 변화를 인식하는 것으로, 이는 조직구성원들이 현실에 안주하려는 경향이 있으면 인식하기 어렵다. 환경의 변화가 인지되면 이에 적응하기 위한 조직변화 방향을 수립하고 조직변화를 실행하며, 조직개혁의 진행사항과 성과를 평가하게 된다(환경변화 인지 → 조직변화 방향 수립 → 조직변화 실행 → 변화결과 평가).

오답해설

① 조직변화 중 제품이나 서비스의 변화는 기존 제품이나 서비스의 문제점을 인식하고 고객의 요구에 부응하기 위한 것으로, 고객을 늘리거나 새로운 시장을 확대하기 위해서 이루어진다.
② 조직변화 중 전략이나 구조의 변화는 조직의 목적을 달성하고 효율성을 높이기 위해서 조직의 경영과 관계되며, 조직구조와 경영방식, 각종 시스템 등을 개선하는 것을 말한다.
③ 기술의 변화는 새로운 기술이 도입되는 것으로, 신기술이 발명되었을 때나 생산성을 높이기 위해 이루어진다.
④ 문화의 변화는 조직변화 중 구성원들의 사고방식이나 가치체계를 변화시키는 것을 말한다. 조직의 목적과 일치시키기 위해 이것을 유도하기도 한다.

정답 04 ④ | 05 ⑤

06 다음 〈보기〉와 같이 50m² 규모의 관리사무소와 600m² 규모의 주민운동시설을 갖춘 A아파트 단지가 있다. 다음 중 〈주택건설기준 등에 관한 규정〉에 의할 때, A아파트 단지의 규모로 가능한 것은?

보기

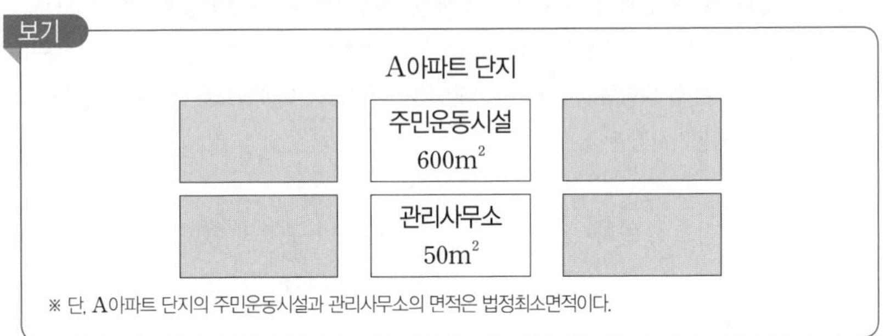

A아파트 단지
주민운동시설
600m²
관리사무소
50m²
※ 단, A아파트 단지의 주민운동시설과 관리사무소의 면적은 법정최소면적이다.

〈주택건설기준 등에 관한 규정〉

제1조 (주민운동시설)

500세대 이상의 주택을 건설하는 주택단지에는 300제곱미터에 500세대를 넘는 매 200세대까지 150제곱미터를 더한 면적 이상의 운동장을 설치한다.

제2조 (관리사무소)

50세대 이상의 공동주택을 건설하는 주택단지에는 10제곱미터에 50세대를 넘는 매 100세대까지 5제곱미터를 더한 면적 이상의 관리사무소를 설치하여야 한다. 다만, 그 면적의 합계가 100제곱미터를 초과하는 경우에는 설치면적을 100제곱미터로 할 수 있다.

① 500세대
② 600세대
③ 700세대
④ 800세대
⑤ 900세대

정답 해설 〈주택건설기준 등에 관한 규정〉에 따라 A아파트 단지의 규모를 구하면 다음과 같다.

㉠ **주민운동시설의 면적에 따른 세대수 규모**

세대수	501~700	701~900	901~1,100
면적(m^2)	450m^2 이상	600m^2 이상	750m^2 이상

여기서 A아파트 단지의 주민운동시설은 600m^2이며, 이는 법정최소면적이라고 하였으므로, A아파트 단지는 701~900세대의 규모가 된다.

㉡ **관리사무소 면적에 따른 세대수 규모**

세대수	51~150	151~250	251~350	…	751~850	851~950
면적(m^2)	15m^2 이상	20m^2 이상	25m^2 이상	…	50m^2 이상	55m^2 이상

A아파트 단지의 관리사무소 면적은 50m^2이며, 이는 법정최소면적이라고 하였으므로, A아파트 단지는 751~850세대의 규모가 된다.

㉠, ㉡의 두 조건을 모두 만족해야 하므로, A아파트 단지는 751~850세대의 규모가 된다. 따라서 A아파트 단지의 규모로 가능한 것은 ④이다.

1DAY 2DAY 3DAY

07 다음은 국내 자동차 제조업체에 대한 SWOT 분석이다. 전략과 내용의 연결이 옳지 않은 것은?

강점(Strength)	약점(Weakness)
• 국내 최고의 시장점유율 및 높은 인지도 • 미래형 자동차 기술 경쟁력 확보 • 차종의 다양화 • 다양한 판매경로 확보 • 폭넓은 수리 및 서비스망 확보	• 안전성 및 내구성 미흡 • 고급화 전략의 어려움 • 고성능 엔진설비 기술의 미비 • 독점적 지휘에 대한 반발 • 디자인 경쟁력 취약
기회(Opportunity)	**위협(Threat)**
• 판매 시장의 성장 및 신규 시장 선점 • 미래형 자동차 시장의 급성장 • 국가적 미래 기술투자지원 대상 • 일부 경쟁업체의 경영 위기 • 홍보 및 투자를 위한 풍부한 자금의 확보	• 다수의 거대 경쟁업체 존재 • 미래형 자동차 시장의 경쟁체제 가속화 • 회사와 차량에 대한 고착화된 이미지 • 유가불안정, 가격경쟁력의 저하 • 환경오염방지책에 대한 범국가적 요구 • 강성 노동조합의 존재

정답 06 ④ | 07 ⑤

① SO전략(강점 · 기회전략) : 현지 판매 시장의 요구에 알맞은 차종의 집중공략
② ST전략(강점 · 위협전략) : 수소차 기술 향상을 통한 미래형 자동차 경쟁체제 대비
③ WO전략(약점 · 기회전략) : 경쟁업체 인수를 통한 엔진설비 기술의 보완
④ SO전략(강점 · 기회전략) : 확보된 신규 판매처에서의 홍보 확대
⑤ WT전략(약점 · 위협전략) : 판매 후 수리 및 서비스 강화로 기존 차량 및 회사의 이미지 개선

정답해설 ⑤는 강점요인에 해당하는 폭넓은 수리 및 서비스망을 통해 위협요인에 해당하는 차량과 회사의 고착화된 이미지를 개선하겠다는 것이므로, ST전략(강점 · 위협전략)에 해당한다. 나머지는 모두 전략과 내용의 연결이 적절하다.

08 다음 상황의 갈등을 해결하기 위한 방법으로 가장 적절한 것은?

윤팀장은 평소 남의 말을 듣지 않고 자신의 주장을 반복하는 경향이 있다. 또한 성급한 판단과 행동으로 인해 프로젝트가 잘못될 경우 과도한 흥분과 분노를 팀원들에게 표출한다. 이로 인해 일을 그만두는 팀원들이 생기며, 팀 전체의 사기를 떨어뜨리는 등 분위기에도 영향을 끼치고 있는 상황이다.

① 갈등의 심화를 막기 위해 객관적 입장의 중재자가 필요하다.
② 일의 경계를 분명하게 구분한다.
③ 가벼운 대화를 통한 감정적 교류를 시도해야 한다.
④ 업무 계획부터 동참시켜 아이디어를 내고 공유하는 것이 필요하다.
⑤ 다른 부서로 이동시켜서 더 이상의 갈등을 방지한다.

정답해설 아집이 있는 윤팀장과 갈등을 만들지 않기 위해서는 우선 부드럽고 관대하게 대하고, 객관적 입장의 중재자가 필요하며 휴식기를 가진 후 회복을 시도하는 것도 하나의 방법이다.

09 ◎◎회사 법무팀 A씨는 팀원들 간의 다양한 갈등으로 근무하는데 어려움을 겪고 있다. 이에 A씨는 팀원들의 갈등을 완전히 해소하지는 못하더라도 원만하게 풀고 넘어가도록 돕고 싶었다. 다음 중 가장 적절하지 않은 행동은?

① 갈등이 반드시 사라져야 팀워크가 좋아질 것이다.
② 갈등을 그대로 방치하면 팀의 발전이 저해될 것이다.
③ 다른 사람의 의견이 끝나기도 전에 공격하는 사람에게 경고를 해야 될 것이다.
④ 자신의 입장만을 고수하는 것이 더 큰 갈등을 야기한다는 것을 알아야 한다.
⑤ 팀원들끼리 각자 가진 상대방의 불만사항을 서로 알고 해소해야 한다.

정답해설 조직에서 갈등이나 의견의 불일치는 불가피하기 때문에 갈등을 완전히 없애는 것은 불가능한 상황이다. 또한 갈등을 부정적인 것으로만 받아들이는 것이 아니라 잘 관찰하고 좋은 쪽으로 이용하면, 궁극적으로 갈등을 일으킨 당사자들 간의 관계를 강화시키는 계기가 될 수 있다.

10 다음 중 직장 내 예절로 옳지 않은 것은?

① 악수는 서로 이름을 말하고 간단한 인사를 나누는 정도의 시간에 끝낸다.
② 명함은 받은 즉시 주머니에 넣어 잃어버리지 않도록 해야 한다.
③ 전화를 받을 때는 자신이 누구인지 먼저 말해야 한다.
④ 이메일을 보낼 때는 언제나 제목을 넣어야 한다.
⑤ 특정 업무를 진행할 때는 상대방의 의사를 물어봐야 한다.

정답해설 명함을 받을 때는 바로 집어넣지 말고, 최소 5초 동안은 손에 들고 읽어보는 것이 예절이다. 또한 미팅이 끝난 후 명함에 날짜, 장소, 상대방의 특징 등을 기입해두면 나중에 상대를 기억할 때 도움이 된다.

한국토지주택공사(LH) 직업기초능력평가

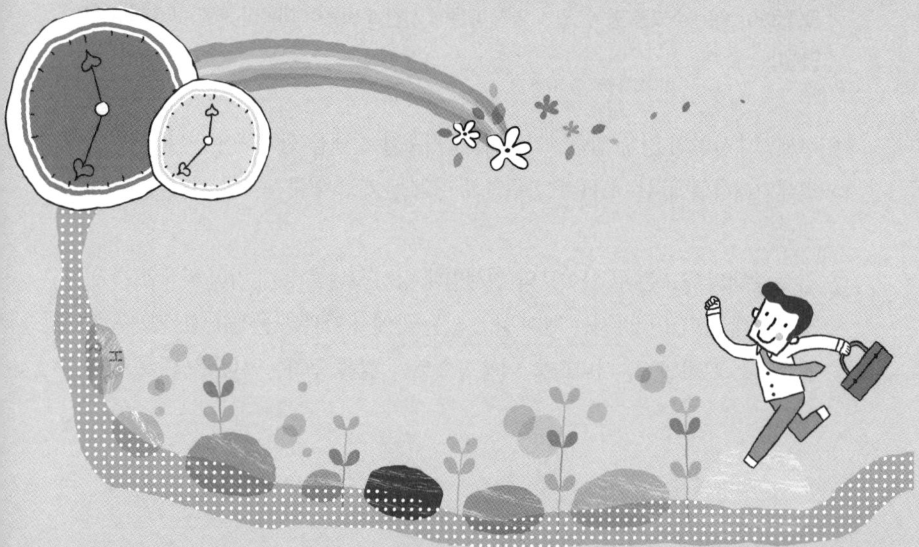

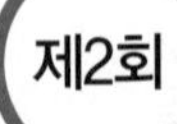

한국토지주택공사(LH) 직업기초능력평가

문항수	시험시간
70문항	70분

의사소통능력

01 전세임대주택에 대한 다음의 공고 내용 중 옳지 않은 것은?

한국토지주택공사(LH)가 전세임대 고객이 관련 정보를 얻고 상호 교환할 수 있는 '전세임대 전용 모바일 웹(mjeonse.lh.or.kr)'을 구축, 서비스에 들어갔다. LH가 벌이고 있는 전세임대사업은 입주자로 선정된 사람이 직접 거주하고 싶은 주택을 선정해오면 LH가 집주인과 전세계약을 맺고 이를 입주자에게 싼 값에 재임대하는 형태로 운영된다.

이 사이트는 우선 '전세임대 장터'코너를 통해 이용자가 임대, 입주하고자 하는 전세임대주택 정보를 등록할 수 있으며, 입주하고 싶은 주택의 특성도 사전에 검색할 수 있다. 또 '마이메뉴'코너에서는 관심 물건이나 현 거주지에서 가까운 물건 등을 맞춤형으로 보여준다. 이밖에 임대차 계약 분쟁과 관련한 법률 소개와 법률전문가를 통한 온라인 상담 서비스도 제공한다.

LH 관계자는 "모바일 웹 서비스를 이용하면 전세임대 입주자가 중개업소를 돌며 발품을 팔아야 하는 수고를 덜 수 있기 있기 때문에 시간과 비용이 대폭 단축될 것"이라고 설명했다.

① 전세임대사업의 경우 입주자가 자신이 거주할 주택을 선정해야 한다.
② 전세임대사업에서는 LH가 집주인과 계약을 맺고 입주자에게 재임대하여 운영된다.
③ 입주 주택의 구조는 웹 사이트의 '전세임대 장터'코너를 통해 미리 검색할 수 있다.
④ '전세임대 장터'코너에서는 현재 살고 있는 곳에서 가까운 물건을 검색할 수 있다.
⑤ 입주자는 모바일 웹 서비스를 이용함으로써 집을 구하는 시간을 대폭 줄일 수 있다.

둘째 단락에서 '또 '마이메뉴'코너에서는 관심 물건이나 현 거주지에서 가까운 물건 등을 맞춤형으로 보여준다'라고 하였다. 따라서 사이트를 통해 현 거주지와 가까운 물건 등을 검색하는 곳은 '전세임대 장터'코너가 아니라 '마이메뉴'코너이다.

①·② 첫째 단락에서 'LH가 벌이고 있는 전세임대사업은 입주자로 선정된 사람이 직접 거주하고 싶은 주택을 선정해오면 LH가 집주인과 전세계약을 맺고 이를 입주자에게 싼 값에 재임대하는 형태로 운영된다'라고 하였다. 따라서 전세임대사업의 경우 입주자가 직접 거주하고 싶은 주택을 선정하고, LH는 집주인과 전세계약을 맺은 후 이를 입주자에게 재임대하는 형태로 운영된다. 따라서 ①, ②는 모두 옳은 내용이다.

③ 둘째 단락에서 사이트의 '전세임대 장터'코너를 통해 입주하고 싶은 주택의 특성도 사전에 검색할 수 있다고 했다. 따라서 입주 주택의 구조적 특성도 이를 통해 미리 검색할 수 있으므로, ③도 옳은 내용이 된다.

⑤ 셋째 단락의 내용을 통해 알 수 있다.

02 간도협약이 무효라는 주장을 뒷받침하기 위해 이 글이 의존하는 원칙이 아닌 것은?

중국은 간도협약에 의거하여 현재 연변조선자치주가 된 간도 지역을 실질적으로 지배하고 있다. 그렇다면 간도협약은 어떤 효력을 가질까. 이 협약은 을사늑약을 근거로 일본이 대한제국(이하 한국)을 대신하여 체결한 조약이다. 그러나 을사늑약은 강압에 의해 체결된 조약이므로 조약으로서 효력이 없다. 따라서 이 조약에 근거하여 체결된 간도협약은 당연히 원천적으로 무효일 수밖에 없다.

설사 을사늑약이 유효하다 하더라도, 일본이 간도협약을 체결할 권리가 있는가. 을사늑약은 "일본은 금후 한국의 외국에 대한 관계 및 사무를 감리, 지휘하며"(제1조), "한국 정부는 금후 일본 정부의 중개에 의하지 않고는 국제적 성질을 가진 어떠한 조약 또는 약속을 하지 못한다"(제2조)고 규정하고 있다. 이 업무를 담당하기 위해 일본은 한국에 통감을 두도록 되어 있으나, "통감은 단지 외교에 관한 사항만을 관리한다"(제3조)고 규정되어 있다. 이러한 문맥에서 본다면, 한국은 일본 정부의 중개를 거쳐 조약을 체결해야 하며, 일본은 한국의 외교를 '감리, 지휘'하도록 되어 있다. 즉 조약 체결의 당사자는 어디까지나 한국이어야 한다. 그렇기 때문에 조약 체결의 당사자가 될 수 없는 일본이 체결한 간도협약은

무효이다. 만약에 일본의 '감리, 지휘'를 받아서 한국이 간도협약을 체결했다면 간도협약은 유효하다고 하겠다. 또 일본이 보호국으로서 외교 대리권이 있다 하더라도 그것은 '대리'에 한정되는 것이지, 한국의 주권을 본질적으로 침해하는 영토의 처분권까지 포함하는 것은 아니다.

일반적으로 보호국이 피보호국의 외교권을 대리하는 경우, 보호국은 피보호국의 이익을 보호하는 것이 바른 의무이고, 그러한 목적 하에서 외교권을 대리해야 한다. 그런데 간도협약의 경우는 일본이 자국의 이익을 위해서 만주에 대한 권익과 간도 영유권을 교환한 것이다. 간도협약은 피보호국(한국)을 희생시키고 보호국(일본)의 이익을 확보한 것이기 때문에 보호국의 권한 범위를 벗어나는 것이다.

간도협약이 유효하다고 가정하더라도, 협약의 당사자는 일본과 중국으로서 한국은 제3국에 해당된다. 조약은 당사국에게만 효력이 있을 뿐, 제3국에게는 아무런 영향을 미치지 않는다는 국제법의 일반 원칙에 의해서도 간도협약에 의한 간도 영유권의 변경은 있을 수 없다.

① 법적 효력이 없는 계약에 기초하여 체결된 계약은 무효이다.
② 계약 당사자가 아닌 제3자라 하더라도 그 계약을 무효화할 수 있다.
③ 계약 당사자들의 자유로운 의사에 의해 체결되지 않은 계약은 무효이다.
④ 계약 당사자 혹은 대리자가 자신의 정당한 의무를 버리고 체결한 계약은 무효이다.
⑤ 계약 내용이 계약 당사자 혹은 대리자의 권한을 벗어나 있을 경우 그 계약은 무효이다.

정답 해설 ②는 간도협약이 무효라는 글의 내용과는 직접 관련이 없는 원칙이다. 제3자와 관련된 글의 마지막 단락에서 '조약은 당사국에게만 효력이 있을 뿐, 제3국에게는 아무런 영향을 미치지 않는다는 국제법의 일반 원칙에 의해서도 간도협약에 의한 간도 영유권의 변경은 있을 수 없다'라고 하였는데, 이는 간도협약이 제3국인 한국에는 아무런 영향을 미치지 않는다는 점을 지적한 것이지 제3국이 그 조약을 무효화할 수 있다는 것을 의미하지는 않는다.

오답 해설 ① 첫째 단락에서 '을사늑약은 강압에 의해 체결된 조약이므로 조약으로서 효력이 없다. 따라서 이 조약에 근거하여 체결된 간도협약은 당연히 원천적으로 무효일 수밖에 없다'라고 하였다. 이는 강압에 의해 체결되어 법적 효력이 없는 을사늑약에 근거하여 체결한 간도협약은 당연히 무효라는 것이므로, ①의 원칙은 간도협약이 무효라는 주장을 뒷받침하는 원칙에 해당한다.

③ 첫째 단락에서 간도협약의 근거가 된 을사늑약이 강압에 의해 체결된 조약이므로 무효라 하였고, 둘째 단락에서 을사늑약의 규정에 의해서도 조약 체결의 당사자는 어디까지나 한국이어야 하며, 체결의 당사자가 될 수 없는 일본이 체결한 간도협약은 무효라 하였다. 이를 통해 볼 때 계약 당사자들의 자유로운 의사에 의해 체결되지 않은 계약은 무효라는 것은 간도협약은 무효라는 주장을 뒷받침하는 원칙이 될 수 있다.

④ 셋째 단락에서 보호국(일본)이 피보호국(한국)의 외교권을 대리하는 경우 피보호국의 이익을 보호해야 하는 의무가 있는데, 일본은 이를 저버리고 자국의 이익을 위해 간도 영유권을 교환해 버린 것이므로 간도협약은 무효라 하였다. 따라서 ④는 이를 뒷받침하는 원칙에 해당한다.

⑤ 둘째 단락의 마지막 문장인 '또 일본이 보호국으로서 외교 대리권이 있다 하더라도 그것은 '대리'에 한정되는 것이지, 한국의 주권을 본질적으로 침해하는 영토의 처분권까지 포함하는 것은 아니다'를 통해볼 때, ⑤도 간도협약이 무효라는 주장을 뒷받침하는 원칙이 될 수 있다.

03 다음 글의 내용이 참이라고 할 때 〈보기〉의 문장 중 반드시 참인 것을 모두 고르면?

우리는 사람의 인상에 대해서 "선하게 생겼다" 또는 "독하게 생겼다"라는 판단을 할 뿐만 아니라 사람의 인상을 중요시한다. 오래 전부터 사람의 얼굴을 보고 그 사람의 길흉을 판단하는 관상의 원리가 있었다. 관상의 원리를 어떻게 받아들여야 할까?

관상의 원리가 받아들일 만하다면, 얼굴이 검붉은 사람은 육체적 고생을 하기 마련이다. 그런데 우리는 주위에서 얼굴이 검붉지만 육체적 고생을 하지 않고 편하게 살아가는 사람을 얼마든지 볼 수 있다. 관상의 원리가 받아들일 만하다면, 우리가 사람의 얼굴에 대해서 갖는 인상이란 한갓 선입견에 불과한 것이 아니다. 사람의 인상이 평생에 걸쳐 고정되어 있다고 할 수 있는 경우에만 관상의 원리는 받아들일 만하다. 또한 관상의 원리가 받아들일 만하지 않다면, 관상의 원리에 대한 과학적 근거를 찾으려는 노력은 헛된 것이다. 실제로 많은 사람들이 관상의 원리가 과학적 근거를 가질 것이라고 기대한다. 그런데 우리는 자주 관상가의 판단이 받아들일 만하다고 느끼고, 그런 느낌 때문에 관상의 원리가 과학적 근거를 가질 것이라고 기대하는 것이다. 관상의 원리가 실제로 과학적 근거를 갖는지의 여부는 논외로 하더라도, 관상의 원리에 대하여 과학적 근거가 있을 것이라고 기대하는 사람은 관상의 원리에 의존하는 것이 우리의 삶에 위안을 주는 필요조건 중의 하나라고 믿는다.

정답 03 ①

보기

ㄱ. 관상의 원리는 받아들일 만한 것이 아니다.
ㄴ. 우리가 사람의 얼굴에 대해서 갖는 인상이란 선입견에 불과하다.
ㄷ. 사람의 인상은 평생에 걸쳐 고정되어 있다고 할 수 있다.
ㄹ. 관상의 원리에 대한 과학적 근거를 찾으려는 노력은 헛된 것이다.

① ㄱ, ㄹ
② ㄴ, ㄷ
③ ㄷ, ㄹ
④ ㄱ, ㄴ, ㄹ
⑤ ㄱ, ㄴ, ㄷ, ㄹ

ㄱ. 설문에서 제시된 글의 내용이 참이라고 하였는데, 둘째 단락의 '관상의 원리가 받아들일 만하다면, 얼굴이 검붉은 사람은 육체적 고생을 하기 마련이다. 그런데 우리는 주위에서 얼굴이 검붉지만 육체적 고생을 하지 않고 편하게 살아가는 사람을 얼마든지 볼 수 있다'는 부분이 참이라고 한다면, 관상의 원리는 받아들일 만한 것이 아니라고 할 수 있다. 따라서 'ㄱ'은 참이 된다.

ㄹ. 둘째 단락의 '관상의 원리가 받아들일 만하지 않다면, 관상의 원리에 대한 과학적 근거를 찾으려는 노력은 헛된 것이다'가 참이므로, 'ㄹ(관상의 원리에 대한 과학적 근거를 찾으려는 노력은 헛된 것이다)'도 반드시 참이 된다.

ㄴ. 둘째 단락에서 '관상의 원리가 받아들일 만하다면, 우리가 사람의 얼굴에 대해서 갖는 인상이란 한갓 선입견에 불과한 것이 아니다'가 참인 명제라 할 때, 이 명제의 대우인 "우리가 사람의 얼굴에 대해서 갖는 인상이 한갓 선입견에 불과한 것이라면, 관상의 원리는 받아들일 만한 것이 아니다"는 참이 되며, "관상의 원리가 받아들일 만하지 않다면, 우리가 사람의 얼굴에 대해서 갖는 인상이란 한갓 선입견에 불과하다"는 반드시 참이라 할 수 없다. 'ㄱ'에서 보았듯이 '관상의 원리는 받아들일 만한 것이 아니다'는 항상 참이므로, 'ㄴ(우리가 사람의 얼굴에 대해서 갖는 인상이란 선입견에 불과하다)'은 항상 참이라고 할 수 없다.

ㄷ. 둘째 단락의 '사람의 인상이 평생에 걸쳐 고정되어 있다고 할 수 있는 경우에만 관상의 원리는 받아들일 만하다'가 참이므로, 그 대우 명제인 "관상이 받아들일 만하지 않다면 사람의 인상이 평생에 걸쳐 고정되어 있다고 할 수 없다"도 반드시 참이 된다. 관상은 받아들일 만하지 않은 것이므로 'ㄷ(사람의 인상은 평생에 걸쳐 고정되어 있다고 할 수 있다)'은 참이 될 수 없다.

04 다음 글에 비추어 볼 때, 구들에 의한 영향으로 볼 수 있는 내용으로 적절하지 않은 것은?

우리 민족은 고유한 주거문화로 바닥 난방 기술인 구들을 발전시켜 왔는데, 구들은 우리 민족에 다양한 영향을 주었다. 우선 오랜 구들 생활은 우리 민족의 인체에 적지 않은 변화를 초래하였다. 태어나면서부터 따뜻한 구들에서 누워 자는 것이 습관이 된 우리 아이들은 사지의 활동량이 적고 발육이 늦어졌다. 구들에서 자란 우리 아이들은 다른 어떤 민족의 아이들보다 따뜻한 곳에서 안정감을 느꼈으며, 우리 민족은 아이들에게 따뜻함을 느낄 수 있는 환경을 만들어주기 위해 여러 가지를 고안하여 발전시켰다.

구들은 농경을 주업으로 하는 우리 민족의 생산도구의 제작과 사용에 많은 영향을 주었다. 구들에 앉아 오랫동안 활동하는 습관은 하반신보다 상반신의 작업량을 증가시켰고 상반신의 움직임이 상대적으로 정교하게 되었다. 구들 생활에 익숙해진 우리 민족은 방 안에서의 작업뿐만 아니라 농사를 비롯한 야외의 많은 작업에서도 앉아서 하는 습관을 갖게 되었는데 이는 큰 농기구를 이용하여 서서 작업을 하는 서양과는 완전히 다른 방식이었다.

구들에서의 생활은 우리의 음식문화에도 많은 영향을 미쳤다. 구들에 앉거나 누우면 엉덩이나 등은 따뜻하게 되지만 상대적으로 소화계통이 있는 배는 고루 덥혀지지 않게 된다. 이 때문에 소화과정에 불균형이 발생하는데 우리 민족은 자극적인 음식을 발전시켜 이를 해결하였다. 구들 생활에 맞추어 식생활에 쓰이는 도구들의 크기도 앉아서 팔을 들어 사용하기 편리하게끔 만들어졌다. 밥솥의 크기는 아낙네들이 팔을 휙 두르면 어디나 닿을 수 있게 만들어졌으며 맷돌도 구들에 앉아 혼자서 돌리기에 맞게 만들어졌다.

① 아이들의 신체발달이 상대적으로 다른 민족보다 늦었다.
② 찌개 음식은 맵거나 짠 경우가 대부분이었다.
③ 농경도구들은 대체로 팔 길이보다 짧게 제작되었다.
④ 하반신보다 상반신을 쓰는 작업이 발달하였다.
⑤ 아이들은 연날리기나 팽이치기, 널뛰기 등을 즐겨했다.

정답 해설 아이들이 연날리기나 팽이치기, 널뛰기 등을 즐겨했다는 것은 글의 내용을 통해서는 확인할 수 없는 내용이다. 오히려 첫째 단락에서 '태어나면서부터 따뜻한 구들에서 누워 자는 것이 습관이 된 우리 아이들은 사지의 활동량이 적고'라고 한 부분을 통해 판단할 때, 연날리기 등의 야외활동은 구들로 인해 발달한 놀이가 아님을 짐작할 수 있다.

정답 04 ⑤

① 첫째 단락에서 '태어나면서부터 따뜻한 구들에서 누워 자는 것이 습관이 된 우리 아이들은 사지의 활동량이 적고 발육이 늦어졌다'라고 하였으므로, 구들로 인해 아이들의 발육이 상대적으로 지체되었음을 알 수 있다.

② 셋째 단락에서 '이 때문에 소화과정에 불균형이 발생하는데 우리 민족은 자극적인 음식을 발전시켜 이를 해결하였다'라고 하였는데, 이를 통해 찌개 등의 음식은 맵거나 짠 경우가 많았다는 것을 알 수 있다.

③ 셋째 단락에서 '구들 생활에 익숙해진 우리 민족은 방 안에서의 작업뿐만 아니라 농사를 비롯한 야외의 많은 작업에서도 앉아서 하는 습관을 갖게 되었는데 이는 큰 농기구를 이용하여 서서 작업을 하는 서양과는 완전히 다른 방식이었다'라고 하였는데, 이로 인해 농경도구들은 앉아서 일하기 편할 정도로 짧았을 것이라 짐작할 수 있다.

④ 셋째 단락의 '구들에 앉아 오랫동안 활동하는 습관은 하반신보다 상반신의 작업량을 증가시켰고 상반신의 움직임이 상대적으로 정교하게 되었다'에서 알 수 있는 내용이다.

05 다음 글의 내용과 일치하는 것은?

극의 진행과 등장인물의 대사 및 감정 등을 관객에게 설명했던 변사가 등장한 것은 1900년대이다. 미국이나 유럽에서도 변사가 있었지만 그 역할은 미미했을뿐더러 그마저도 자막과 반주 음악이 등장하면서 점차 소멸하였다. 하지만 주로 동양권, 특히 한국과 일본에서는 변사의 존재가 두드러졌다. 한국에서 변사가 본격적으로 등장한 것은 극장가가 형성된 1910년부터인데, 한국 최초의 변사는 우정식으로, 단성사를 운영하던 박승필이 내세운 인물이었다. 그 후, 김덕경, 서상호, 김영환, 박응면, 성동호 등의 극장은 대게 5명 정도의 변사를 전속으로 두었으며 2명 내지 3명이 교대로 무대에 올라 한 영화를 담당하였다. 4명 내지 8명의 변사가 한 무대에 등장하여 영화의 대사를 교환하는 일본과는 달리, 한국에서는 한 명의 변사가 영화를 설명하는 방식을 취하였으며, 영화가 점점 장편화되면서부터는 2명 내지 4명이 번갈아 무대에 등장하는 방식으로 바뀌었다. 변사는 악단의 행진곡을 신호로 무대에 등장하였으며, 소위 전설(前說)을 하였는데 전설이란 활동사진을 상영하기 전에 그 개요를 앞서 설명하는 것이었다. 전설이 끝나면 활동 사진을 상영하고 해설을 시작하였다. 변사는 전설과 해설 이외에도 막간극을 공연하기도 했는데 당시 영화관에는 영사기가 대체로 한 대밖에 없었기 때문에 필름을 교체하는 시간을 이용하여 코믹한 내용을 공연하였다.

① 한국과는 달리 일본에서는 변사가 막간극을 공연했다.
② 한국에 극장가가 형성되기 시작한 것은 1900년경이었다.
③ 한국은 영화의 장편화로 무대에 서는 변사의 수가 늘어났다.
④ 자막과 반주 음악의 등장으로 변사의 중요성이 더욱 높아졌다.
⑤ 한국의 경우 2~4명의 변사가 한 무대에서 대사를 교환하는 방식을 취하였다.

정답해설 글 중반부에서 '한국에서는 한 명의 변사가 영화를 설명하는 방식을 취하였으며, 영화가 점점 장편화되면서부터는 2명 내지 4명이 번갈아 무대에 등장하는 방식으로 바뀌었다'라고 하였는데, 이를 통해 한국 영화의 장편화로 무대에 서는 변사의 수를 늘어났다는 것을 알 수 있다. 따라서 ③은 제시된 글의 내용과 일치한다.

오답해설 ① 글의 마지막 문장에서 '변사는 전설과 해설 이외에도 막간극을 공연하기도 했는데'라고 하였는데, 이를 통해 한국의 경우 변사가 전설과 해설 이외에도 막간극을 공연하기도 했다는 것을 알 수 있다. 따라서 ①의 내용은 글 내용과 일치하지 않는다.

② 글의 네 번째 문장에서 '한국에서 변사가 본격적으로 등장한 것은 극장가가 형성된 1910년부터인데'라고 하였으므로, 한국에 극장가가 형성되기 시작한 것은 1900년경이 아니라 1910년경이라는 것을 알 수 있다.

④ 글 전반부의 '미국이나 유럽에서도 변사가 있었지만 그 역할은 미미했을뿐더러 그마저도 자막과 반주 음악이 등장하면서 점차 소멸하였다'라는 내용에서, 자막과 반주 음악이 등장하면서 변사는 점차 소멸하였다는 것을 알 수 있다.

⑤ 글 중반부의 '4명 내지 8명의 변사가 한 무대에 등장하여 영화의 대사를 교환하는 일본과는 달리, 한국에서는 한 명의 변사가 영화를 설명하는 방식을 취하였으며, 영화가 점점 장편화되면서부터는 2명 내지 4명이 번갈아 무대에 등장하는 방식으로 바뀌었다'라고 하였는데, 여기서 한국의 경우 여러 변사가 한 무대에 등장하여 대사를 교환한 것이 아니라, 한 명 또는 2~4명이 번갈아 등장하며 영화를 설명하는 방식이 사용되었다는 것을 알 수 있다. 따라서 ⑤도 글의 내용과 일치하지 않는다.

06 다음 글에서 알 수 없는 것은?

광장의 기원은 고대 그리스의 아고라에서 찾을 수 있다. '아고라'는 사람들이 모이는 곳이란 뜻을 담고 있다. 호메로스의 작품에 처음 나오는 이 표현은 물리적 장소만이 아니라 사람들이 모여서 하는 각종 활동과 모임도 의미한다. 아고라는 사람들이 모이는 도심의 한복판에 자리 잡되 그 주변으로 사원, 가게, 공공시설, 사교장 등이 자연스럽게 둘러싸고 있는 형태를 갖는다. 물론 그 안에 분수도 있고 나무도 있어 휴식 공간이 되기는 하지만 그것은 부수적 기능일 뿐이다. 아고라 곧 광장의 주요 기능은 시민들이 모여 행하는 다양한 활동 그 자체에 있다.

르네상스 이후 광장은 유럽의 여러 제후들이 도시를 조성할 때 일차적으로 고려하는 사항이 된다. 광장은 제후들이 권력 의지를 실현하는 데 중요한 역할을 할 수 있었기 때문이다. 이 시기 유럽의 도시에서는 고대 그리스 이후 자연스럽게 발전해 온 광장이 의식적으로 조성되기 시작한다. 도시를 설계할 때 광장의 위치와 넓이, 기능이 제후들의 목적에 따라 결정된다.

『광장』을 쓴 프랑코 만쿠조는 유럽의 역사가 곧 광장의 역사라고 말한다. 그에 따르면, 유럽인들에게 광장은 일상생활의 통행과 회합, 교환의 장소이자 동시에 권력과 그 의지를 실현하는 장이고 프랑스 혁명 이후 근대 유럽에서는 저항하는 대중의 연대와 소통의 장이라는 의미도 갖게 된다. 우리나라의 역사적 경험에서도 광장은 그와 같은 공간이었다. 우리의 마당이나 장터는 유럽과 형태는 다를지라도 만쿠조가 말한 광장의 기능과 의미를 담당해왔기 때문이다.

이처럼 광장은 인류의 모든 활동이 수렴되고 확산되는 공간이며 문화 마당이고 예술이 구현되는 장이며 더 많은 자유를 향한 열정이 집결하는 곳이다. 특히 근대 이후 광장을 이런 용도로 사용하는 것은 시민의 정당한 권리가 된다. 광장은 권력의 의지가 발현되는 공간이면서 동시에 시민에게는 그것을 넘어서고자 하는 자유의 열망이 빚어지는 장이다.

① 근대 이후 광장은 시민의 자유에 대한 열망이 모이는 장이었다.
② 고대 그리스의 아고라는 사람들이 모이는 장소 이상의 의미를 갖는다.
③ 유럽의 여러 제후들이 광장을 중요시한 것은 거주민의 의견을 반영하기 위해서였다.
④ 프랑스 혁명 이후 유럽에서 광장은 저항하는 이들의 소통 공간이라는 의미도 갖는다.

⑤ 우리나라의 역사적 경험에서도 광장은 권력과 그 의지를 실현하는 장이자 저항하는 대중의 연대와 소통의 장이었다.

정답 해설 둘째 단락에서 '르네상스 이후 광장은 유럽의 여러 제후들이 도시를 조성할 때 일차적으로 고려하는 사항이 된다. 광장은 제후들이 권력 의지를 실현하는 데 중요한 역할을 할 수 있었기 때문이다'라고 하였는데, 이를 통해 유럽의 제후들이 광장을 중시한 것은 거주민의 의사 반영보다 광장이 자신들의 권력 의지 실현에 중요한 역할을 할 수 있었기 때문이라는 것을 알 수 있다. 따라서 ③은 글을 통해 알 수 있는 내용으로 볼 수 없다.

오답 해설 ① 제시된 글의 마지막 두 문장인 '특히 근대 이후 광장을 이런 용도로 사용하는 것은 시민의 정당한 권리가 된다. 광장은 권력의 의지가 발현되는 공간이면서 동시에 시민에게는 그것을 넘어서고자 하는 자유의 열망이 빚어지는 장이다'에서 알 수 있는 내용이다. 즉, 광장은 근대 이후 시민의 자유에 대한 열망이 빚어지는 장이 되었다.

② 첫째 단락의 '호메로스의 작품에 처음 나오는 이 표현은 물리적 장소만이 아니라 사람들이 모여서 하는 각종 활동과 모임도 의미한다'와 '아고라 곧 광장의 주요 기능은 시민들이 모여 행하는 다양한 활동 그 자체에 있다'에서 알 수 있는 내용이다.

④ 셋째 단락의 '프랑스 혁명 이후 근대 유럽에서는 저항하는 대중의 연대와 소통의 장이라는 의미도 갖게 된다'에서 알 수 있는 내용이다.

⑤ 셋째 단락의 '유럽인들에게 광장은 일상생활의 통행과 회합, 교환의 장소이자 동시에 권력과 그 의지를 실현하는 장이고 프랑스 혁명 이후 근대 유럽에서는 저항하는 대중의 연대와 소통의 장이라는 의미도 갖게 된다. 우리나라의 역사적 경험에서도 광장은 그와 같은 공간이었다'에서 알 수 있는 내용이다.

1DAY 2DAY 3DAY

[07~08] 다음 글을 읽고 물음에 답하시오.

조선이 임진왜란 중 필사적으로 보존하고자 한 서적은 바로 조선왕조실록이다. 실록은 원래 서울의 춘추관과 성주 · 충주 · 전주 4곳의 사고(史庫)에 보관되었으나, 임진왜란 이후 전주 사고의 실록만 온전한 상태였다. 전란이 끝난 후 단 1벌 남은 실록을 다시 여러 벌 등서하자는 주장이 제기되었다. 우여곡절 끝에 실록 인쇄가 끝난 것은 1606년이었다. 재인쇄 작업의 결과 원본을 포함해 모두 5벌의 실록을 갖추게 되었다. 원본은 강화도 마니산에 봉안하고 나머지 4벌은 서울의 춘추관과 평안도 묘향산, 강원도의 태백산과 오대산에 봉안했다.

이 5벌 중에서 서울 춘추관의 것은 1624년 이괄의 난 때 불에 타 없어졌고, 묘향산의 것은 1633년 후금과의 관계가 악화되자 전라도 무주의 적상산에 사고를 새로 지어 옮겼다. 강화도 마니산의 것은 1636년 병자호란 때 청군에 의해 일부 훼손되었던 것을 현종 때 보수하여 숙종 때 강화도 정족산에 다시 봉안했다. 결국 내란과 외적 침입으로 인해 5곳 가운데 1곳의 실록은 소실되었고, 1곳의 실록은 장소를 옮겼으며, 1곳의 실록은 손상을 입었던 것이다.

정족산, 태백산, 적상산, 오대산 4곳의 실록은 그 후 안전하게 지켜졌다. 그러나 일본이 다시 여기에 손을 대었다. 1910년 조선 강점 이후 일제는 정족산과 태백산에 있던 실록을 조선총독부로 이관하고 적상산의 실록은 구황궁 장서각으로 옮겼으며 오대산의 실록은 일본 동경제국대학으로 반출했다. 일본으로 반출한 것은 1923년 관동대지진 때 거의 소실되었다. 정족산과 태백산의 실록은 1930년에 경성제국대학으로 옮겨져 지금까지 서울대학교에 보존되어 있다. 한편 장서각의 실록은 6 · 25전쟁 때 북으로 옮겨져 현재 김일성종합대학에 소장되어 있다.

07 글에서 추론할 수 있는 내용으로 옳은 것은?

① 재인쇄하였던 실록은 모두 5벌이다.
② 태백산에 보관하였던 실록은 현재 일본에 있다.
③ 현재 한반도에 남아 있는 실록은 모두 3벌이다.
④ 적상산에 보관하였던 실록은 일부가 훼손되었다.
⑤ 현재까지 온전하게 보관되고 있는 실록은 모두 4벌이다.

셋째 단락의 마지막 두 문장인 '정족산과 태백산의 실록은 1930년에 경성제국대학으로 옮겨져 지금까지 서울대학교에 보존되어 있다. 한편 장서각의 실록은 6 · 25전쟁 때 북으로 옮겨져 현재 김일성종합대학에 소장되어 있다'에서 알 수 있듯이, 현재 한반도에는 모두 3벌의 실록이 남아 있다(남한 2벌, 북한 1벌).

① 첫째 단락에서 '전란이 끝난 후 단 1벌 남은 실록을 다시 여러 벌 등서하자는 주장이 제기되었다. … 재인쇄 작업의 결과 원본을 포함해 모두 5벌의 실록을 갖추게 되었다'라고 하였으므로, 재인쇄하였던 실록은 4번이다.

② 셋째 단락에서 '1910년 조선 강점 이후 일제는 정족산과 태백산에 있던 실록을 조선총독부로 이관'하였다고 했고, 이후 '정족산과 태백산의 실록은 1930년에 경성제국대학으로 옮겨져 지금까지 서울대학교에 보존되어 있다'라고 하였다. 따라서 태백산에 보관되었던 실록은 현재 우리나라의 서울대학교에 보존되어 있다. 일제강점기 때 일본에 반출된 것은 오대산 실록이다.

④ 둘째 단락에서 '강화도 마니산의 것은 1636년 병자호란 때 청군에 의해 일부 훼손되었던 것을 현종 때 보수하여 숙종 때 강화도 정족산에 다시 봉안했다'라고 하였으므로, 실록의 일부가 훼손된 것은 마니산본이다.

⑤ 셋째 단락에서 알 수 있는 내용으로, 현재까지 온전하게 보존되고 있는 실록은 모두 3벌이다. 셋째 단락에서 정족산, 태백산, 적상산, 오대산 4곳의 실록 중 정족산과 태백산의 실록은 현재 서울대학교에 보존되어 있고, 장서각에 보존되었던 적상산 실록은 김일성종합대학에 조장되어 있으며, 일본에 반출된 오대산 실록은 1923년 관동대지진 때 거의 소실되었다고 하였다.

08 다음 중 현존하는 가장 오래된 실록으로 가장 알맞은 것은?

① 정족산본
② 태백산본
③ 적상산본
④ 오대산본
⑤ 춘추관본

첫째 단락에서 실록을 보관한 4대 사고 중 임진왜란에서 유일하게 온전하게 보존된 전주사고의 원본은 강화도 마니산에 봉안되었다고 하였고, 둘째 단락에서 강화도 마니산의 실록은 현종 때 보수하여 숙종 때 강화도 정족산에 다시 봉안했다고 했다. 그리고 셋째 단락에서 정족산본은 현재까지 서울대학교에 보존되어 있다고 하였으므로, 현존하는 가장 오래된 실록은 정족산본이다.

정답 07 ③ | 08 ①

09 다음 글에서 알 수 있는 내용으로 옳은 것은?

내가 어렸을 때만 하더라도 원래 북아메리카에는 100만 명 가량의 원주민밖에 없었다고 배웠다. 이렇게 적은 수라면 거의 빈 대륙이라고 할 수 있으므로 백인들의 아메리카 침략은 정당해 보였다. 그러나 고고학 발굴과 미국의 해안 지방을 처음 밟은 유럽 탐험가들의 기록을 자세히 검토한 결과 원주민들이 처음에는 수천 만 명에 달했다는 것을 알게 되었다. 아메리카 전체를 놓고 보았을 때 콜럼버스가 도착한 이후 한두 세기에 걸쳐 원주민 인구는 최대 95%가 감소한 것으로 추정된다.

그런데 유럽의 총칼에 의해 전쟁터에서 목숨을 잃은 아메리카 원주민보다 유럽에서 온 전염병에 의해 목숨을 잃은 원주민 수가 훨씬 많았다. 이 전염병은 대부분의 원주민들과 그 지도자들을 죽이고 생존자들의 사기를 떨어뜨림으로써 그들의 저항을 약화시켰다. 예를 들자면 1519년에 코르테스는 인구 수천만의 아스텍 제국을 침탈하기 위해 멕시코 해안에 상륙했다. 코르테스는 단 600명의 스페인 병사를 이끌고 아스텍의 수도인 테노치티틀란을 무모하게 공격했지만 병력의 3분의 2만 잃고 무사히 퇴각할 수 있었다. 여기에는 스페인의 군사적 강점과 아스텍족의 어리숙함이 함께 작용했다. 코르테스가 다시 쳐들어왔을 때 아스텍인들은 더 이상 그렇게 어리숙하지 않았고 몹시 격렬한 싸움을 벌였다. 그런데도 스페인이 우위를 점할 수 있었던 것은 바로 천연두 때문이었다. 이 병은 1520년에 스페인령 쿠바에서 감염된 한 노예와 더불어 멕시코에 도착했다. 그때부터 시작된 유행병은 거의 절반에 가까운 아스텍족을 몰살시켰으며 거기에는 쿠이틀라우악 아스텍 황제도 포함되어 있었다. 이 수수께끼의 질병은 마치 스페인인들이 무적임을 알리려는 듯 스페인인은 내버려두고 원주민만 골라 죽였다. 그리하여 처음에는 약 2,000만에 달했던 멕시코 원주민 인구가 1618년에는 약 160만으로 곤두박질치고 말았다.

① 전염병에 대한 유럽인의 면역력은 그들의 호전성을 높여주었다.
② 스페인의 군사력이 아스텍 제국의 저항을 무력화하는 원동력이 되었다.
③ 아메리카 원주민의 수가 급격히 감소한 주된 원인은 전염병 감염이다.
④ 유럽인과 아메리카 원주민의 면역력 차이가 스페인과 아스텍 제국의 1519년 전투 양상을 변화시켰다.
⑤ 코르테스가 다시 침입했을 때 아스텍인들이 격렬히 저항한 것은 아스텍 황제의 죽음에 분노했기 때문이다.

둘째 단락의 '그런데 유럽의 총칼에 의해 전쟁터에서 목숨을 잃은 아메리카 원주민보다 유럽에서 온 전염병에 의해 목숨을 잃은 원주민 수가 훨씬 많았다'라는 내용에서, 전염병 감염이 아메리카 원주민 수 급감의 주된 원인임을 알 수 있다. 따라서 ③은 옳은 내용이다.

① 전염병에 대한 유럽인의 면역력이 그들의 호전성을 높여주었다는 것은 글을 통해 추론할 수 없는 내용이다. 둘째 단락의 '이 전염병은 대부분의 원주민들과 그 지도자들을 죽이고 생존자들의 사기를 떨어뜨림으로써 그들의 저항을 약화시켰다'라는 내용을 통해, 전염병이 원주민들을 죽이고 생존자들의 사기를 떨어뜨렸다는 것을 알 수 있다.

② 둘째 단락의 첫 번째 문장인 '그런데 유럽의 총칼에 의해 전쟁터에서 목숨을 잃은 아메리카 원주민보다 유럽에서 온 전염병에 의해 목숨을 잃은 원주민 수가 훨씬 많았다'와 중반부의 '그런데도 스페인이 우위를 점할 수 있었던 것은 바로 천연두 때문이었다'라는 내용에서 알 수 있듯이, 아스텍 제국을 무력화하는 원동력이 된 것은 스페인의 군사력이 아니라 전염병(천연두)이었다.

④ 둘째 단락의 '예를 들자면 1519년에 코르테스는 인구 수천만의 아스텍 제국을 침탈하기 위해 멕시코 해안에 상륙했다. … 여기에는 스페인의 군사적 강점과 아스텍족의 어리숙함이 함께 작용했다'라는 내용을 통해, 면역력 차이가 스페인과 아스텍 제국의 1519년 전투 양상을 변화시켰다는 내용은 사실이 아님을 알 수 있다.

⑤ 둘째 단락의 '코르테스가 다시 쳐들어왔을 때 아스텍인들은 더이상 그렇게 어리숙하지 않았고 몹시 격렬한 싸움을 벌였다. … 그때부터 시작된 유행병은 거의 절반에 가까운 아스텍족을 몰살시켰으며 거기에는 쿠이틀라우악 아스텍 황제도 포함되어 있었다'라는 내용을 통해, 아스텍 황제의 침입은 코르테스의 재침 이후의 사실임을 알 수 있다.

10 다음 글의 결론으로 가장 적절한 것은?

이론 P에 따르면 복지란 다른 시민의 기본권을 침해하지 않는 한, 각 시민이 갖고 있는 현재의 선호들만 만족시키는 것이다. 현재 선호만을 만족시켜야 한다고 주장하는 근거는 크게 두 가지이다. 첫째, 지금은 사라진 그 어떤 과거 선호들보다 현재의 선호가 더 강렬하다는 것이다. 둘째, 어떤 사람이 지금 선호하지 않는 것을 그에게 지금 제공하는 것은 그에게 만족의 기쁨을 주지 못한다는 사실이다. 만일 이 근거들이 약점을 갖고 있다면 우리는 이론 P를 받아들일 이유가 없다.

첫째 근거에 대해 이런 반론을 제기할 수 있다. 현재 선호와 과거 선호의 강렬함을 현재 시점에서 비교하는 것은 공정하지 않다. 시간에서 벗어나 둘을 비교한다면 현재의 선호보다 더 강렬했던 과거 선호가 있을 수 있다. 예컨대 10년 전 김 씨가 자신의 고향인 개성에 방문하기를 바랐던 것이 일생에서 가장 강렬한 선호였을 수 있다. 둘째 근거에 대해서는 이런 반론을 제기할 수 있다. 선호하는 시점과 만족하는 시점은 대부분의 경우 시간차가 존재한다. 만일 사람들의 선호가 자주 바뀐다면 그들의 현재 선호가 그것이 만족되는 시점까지 지속하리라는 보장이 없다. 이것이 사실이라면 정부가 시민의 현재 선호를 만족시키려고 노력하는 것은 낭비를 낳는다. 이처럼 현재 선호만을 만족시켜야 한다는 주장을 뒷받침하는 근거들은 허점이 많다.

① 사람들의 선호는 시간이 지남에 따라 변하기 때문에 그의 현재 선호도 만족시킬 수 없다.
② 복지를 시민의 현재 선호를 만족시키는 것으로 보는 이론은 받아들이기 어렵다.
③ 어느 선호가 더 강렬한 선호인지를 결정하는 것은 중요하지 않다.
④ 복지 문제에서 과거 선호를 만족시키는 것도 중요하다.
⑤ 복지가 무엇인지 정의하는 것은 불가능하다.

정답 해설 제시문의 첫째 단락에서 '복지란 다른 시민의 기본권을 침해하지 않는 한, 각 시민이 갖고 있는 현재의 선호들만 만족시키는 것이다'라고 주장하는 이론을 제시하고, 그에 대한 근거를 두 가지로 언급하였다. 그리고 둘째 단락에서는 그 두 가지 근거에 대한 반론을 제시하였고, 마지막 문장에서 '이처럼 현재 선호만을 만족시켜야 한다는 주장을 뒷받침하는 근거들은 허점이 많다'라고 결론을 내리고 있다. 따라서 글 전체의 결론으로 가장 적합한 것은 ②이다.

11 다음 글의 내용과 부합하지 않는 것은?

컴퓨터 매체에 의존한 전자 심의가 민주정치의 발전을 가져올 수 있을까? 이 질문에 답하는 데 도움이 될 만한 실험들이 있었다. 한 실험에 따르면, 전자 심의에서는 시각적 커뮤니케이션이 없었지만 토론이 지루해지지 않았고 오히려 대면 심의에서는 드러나지 않았던 내밀한 내용들이 쉽게 표출되었다. 이것으로 미루어 보건대, 인터넷은 소극적이고 내성적인 사람들이 자신의 의견을 적극 표출하도록 만들 수 있다는 장점이 있다. 하지만 다른 실험은 대면 심의 집단이 질적 판단을 요하는 복합적 문제를 다루는 경우 전자 심의 집단보다 우월하다는 결과를 보여주었다.

이런 관점에서 보면 전자 심의는 소극적인 시민들의 생활에 숨어있는 다양한 의견들을 표출하기에 적합하며, 대면 심의는 책임감을 요하는 정치적 영역의 심의에 더 적합하다고 볼 수 있다. 정치적 영역의 심의는 복합적 성격의 쟁점, 도덕적 갈등 상황, 그리고 최종 판단의 타당성 여부가 불확실한 문제들과 깊이 관련되어 있기 때문이다. 어려운 정치적 결정일수록 참여자들 사이에 타협과 협상을 필요로 하는데, 그 타협은 일정 수준의 신뢰 등 '사회적 자본'이 확보되어 있을 때 용이해진다. 정치적 사안을 심의하려면 토론자들이 서로간에 신뢰하고 있을 뿐 아니라 심의 결과에 대해 책임의식을 느끼고 있어야 하고, 이런 바탕 위에서만 이성적 심의나 분별력 있는 심의가 가능하다. 하지만 이것은 인터넷 공간에서는 확보되기 어려운 것으로 보인다.

① 인터넷을 통한 전자 심의는 내밀한 내용이 표출된다는 점에서 신뢰를 증진시킬 수 있다.

② 질적 판단을 요하는 복합적 문제를 다루는 데에는 대면 심의 집단이 우월한 경우가 있다.

③ 인터넷은 소극적이고 내성적인 사람들이 자신의 의견을 표출하도록 만들 수 있다는 장점이 있다.

④ 정치적 사안을 심의하려면 토론자들이 서로 신뢰하고 심의 결과에 대해 책임의식을 느껴야 한다.

⑤ 불확실성이 개입된 복합적 문제에 대한 정치적 결정에서는 참여자들 사이에 타협과 협상이 필요하다.

1DAY 2DAY 3DAY

정답 10 ② | 11 ①

첫째 단락의 '전자 심의에서는 시각적 커뮤니케이션이 없었지만 토론이 지루해지지 않았고 오히려 대면 심의에서는 드러나지 않았던 내밀한 내용들이 쉽게 표출되었다'라는 내용을 통해, 인터넷을 통한 전자 심의가 내밀한 내용을 표출시킬 수 있다는 사실을 알 수 있다. 그러나 둘째 단락의 후반부의 '정치적 사안을 심의하려면 토론자들이 서로 간에 신뢰하고 있을 뿐 아니라 심의 결과에 대해 책임의식을 느끼고 있어야 하고, 이런 바탕 위에서만 이성적 심의나 분별력 있는 심의가 가능하다. 하지만 이것은 인터넷 공간에서는 확보되기 어려운 것으로 보인다'라는 내용을 통해, 인터넷을 통한 전자 심의가 신뢰를 증진시킬 수 있다는 것은 사실이 아님을 알 수 있다. 따라서 ①은 글의 내용과 부합되지 않는다.

② 첫째 단락의 마지막 문장인 '하지만 다른 실험은 대면 심의 집단이 질적 판단을 요하는 복합적 문제를 다루는 경우 전자 심의 집단보다 우월하다는 결과를 보여주었다'에서 알 수 있는 내용이다.

③ 첫째 단락의 '인터넷은 소극적이고 내성적인 사람들이 자신의 의견을 적극 표출하도록 만들 수 있다는 장점이 있다'에서 언급된 내용이다.

④ 둘째 단락 후반부의 '정치적 사안을 심의하려면 토론자들이 서로 간에 신뢰하고 있을 뿐 아니라 심의 결과에 대해 책임의식을 느끼고 있어야 하고'에서 언급된 내용이다.

⑤ 둘째 단락의 '정치적 영역의 심의는 복합적 성격의 쟁점, 도덕적 갈등 상황, 그리고 최종 판단의 타당성 여부가 불확실한 문제들과 깊이 관련되어 있기 때문이다. 어려운 정치적 결정일수록 참여자들 사이에 타협과 협상을 필요로 하는데'라는 내용을 통해, 불확실성이 개입된 복합적 문제에 대한 정치적 결정에서는 참여자들 간 타협과 협상이 필요하다는 것을 알 수 있다.

12 다음 글에서 아래 〈보기〉의 글이 들어갈 위치로 가장 적합한 것은?

(㉠)

우리나라도 어느덧 정보화 사회로 접어들게 됨에 따라, IT 기술이나 인터넷 및 네트워크 기술이 큰 폭으로 발전하였다. 그중에서도 우리가 가장 주목할 기술적 진보는 개인 대 개인, 개인 대 집단과 같은 다양한 주체가 서로 만나고 다양한 이슈에 동참할 수 있는 담론 공간의 마련이다. 인터넷 게시판이나 SNS 등을 활용하면, 누구나 쉽게 사회나 정치 이슈를 주제로 활발하게 타자(他者)와 접하며 토론할 수 있게 된 것이다.

(㉡)

이에 따라 우리는 소통의 가능성을 넘어 그것을 현명하게 실현하는 방법에 대한 고민도 해야 할 때가 되었다. 물론, 이러한 고민이 불필요하게 생각되거나 그것이 없다고 해서 무슨 문제가 있느냐고 반문할지도 모른다.

(㉢)

그러나 인터넷에 있는 수많은 악성 댓글과 루머, 인신공격 등의 병리 현상은 철학이나 가치 부재의 기술 진보가 주는 위험성을 잘 드러내 준다. 우리는 기술 진보에 따라 확보된 수많은 소통 통로 속에서 그것을 주체와 주체 간의 참다운 만남으로 실천하는 방법을 아직까지 찾지 못하고 있다.

(㉣)

그렇다면, 이러한 문제를 궁극적으로 해결하기 위해 부각되고 연구되어야 하는 분야는 어떠한 것들일까? IT 또는 첨단 제품을 개발하고 성공시켰다는 면에서 세계적으로 유명한, 미국의 어느 한 기업가는 신제품을 출시하는 장소에서 자사의 혁신적 제품은 인문학을 빼놓고는 말할 수 없다는 취지의 연설을 하였다. 즉 첨단의 정보화 기술과 인문학의 관련성을 역설한 것이다.

(㉤)

보기

결과적으로 이러한 기술 진보는 주체와 주체 간의 더 큰 이해와 소통 가능성을 마련한 것이 사실이다. 그러나 기술의 진보가 곧 선(善)이 된다고 볼 수는 없다. 본래 기술이란 사회의 변화나 인식론적 변화를 선도할 수 있을망정 가치판단을 내포하지는 못하기 때문이다. 즉 정보화 사회의 기술들은 개인과 개인, 개인과 집단 간의 소통의 통로를 마련해 주었지만, 그 소통의 올바른 방법이나 방향 마련에 대해서는 무력하다.

① ㉠
② ㉡
③ ㉢
④ ㉣
⑤ ㉤

정답 해설 제시된 〈보기〉의 핵심 내용은 이러한 기술 진보가 주체 간 이해와 소통의 통로를 마련한 것은 사실이나, 그 소통의 올바른 방법이나 방향은 마련해 주지 못했다는 것이다. 따라서 〈보기〉 앞에는 기술 진보로 인해 소통의 통로가 마련되었다는 내용이 위치해야 하고, 뒤에는 소통의 올바른 방법 · 방향과 관련된 내용이 위치하는 것이 자연스럽다. ㉡ 앞의 글은 기술적 진보가 개인 대 개인, 개인 대 집단 간의 담론 공간을 마련하고 활발하게 토론할 수 있게 하였다고 했다. 그리고 ㉡의 다음의 글에서는 '이에 따라 우리는 소통의 가능성을 넘어 그것을 현명하게 실현하는 방법에 대한 고민도 해야 할 때가 되었다'라고 하여 소통을 실현하는 방법에 대해 언급하고 있다. 따라서 〈보기〉의 글은 ㉡의 위치에 들어가는 것이 가장 적합하다.

정답 12 ②

13 다음의 글의 ㉠과 ㉡에 들어갈 말로 가장 적절한 것은?

> 집은 세우는 것이 아니라 짓는 것이라는 말이 우리에게는 더욱 익숙하다. 이 말은 '집은 혹은 건축은 단순히 기술적 · 구조적인 측면에서, 세우는 일만을 의미하는 것이 아니라, 시를 짓고 밥을 짓듯이 어떠한 재료를 가지고 일련의 사고 과정을 통하여 뭔가 만들어내 가는 것'이란 뜻이다. 이는 우리 선조들이 건축을 가리켜 영조(營造)라 일컬었던 것과도 일맥상통한다. 일본인들이 메이지 시대 때 만든 '건축'이라는 말의 뜻으로는 '우리의 삶을 형성하는 것'을 목표로 하는 건축의 본질을 설명할 수 없다. 건물이 (㉠) 환경을 뜻한다면 건축은 그것을 포함하는 (㉡) 환경까지 포함하는 개념이다.

	㉠	㉡
①	경제적(經濟的)	문화적(文化的)
②	물리적(物理的)	형이상학적(形而上學的)
③	현실적(現實的)	이상주의적(理想主義的)
④	천편일률적(千篇一律的)	다원론적(多元論的)
⑤	절대적(絕對的)	상대적(相對的)

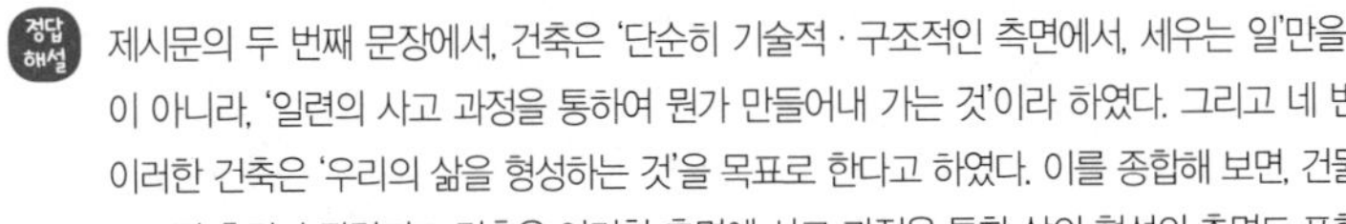

정답해설 제시문의 두 번째 문장에서, 건축은 '단순히 기술적 · 구조적인 측면에서, 세우는 일'만을 의미하는 것이 아니라, '일련의 사고 과정을 통하여 뭔가 만들어내 가는 것'이라 하였다. 그리고 네 번째 문장에서 이러한 건축은 '우리의 삶을 형성하는 것'을 목표로 한다고 하였다. 이를 종합해 보면, 건물은 기술적 · 구조적 측면과 관련되고 건축은 이러한 측면에 사고 과정을 통한 삶의 형성의 측면도 포함한다는 것을 알 수 있다. 따라서 ㉠과 ㉡에는 '물리적 (환경)'과 '형이상학적 (환경)'이 가장 적절하다.

오답해설 ① · ④ ㉠에는 기술적 · 구조적 측면과 관련된 표현이 와야 하고 ㉡에는 사고 과정에 관한 내용까지 포함하는 표현이 와야 하는데, ① · ④는 여기에 부합하지 않는다.

③ · ⑤ 제시된 글의 내용과는 거리가 멀다.

14 다음 글에서 알 수 있는 내용으로 적절한 것은?

유럽 국가들은 대부분 가장 먼저 철도를 개통한 영국의 규격을 채택하여 철로의 간격을 1.435m로 하였다. 이러한 이유로 영국의 철로는 '표준궤'로 불렸다. 하지만 일부 국가들은 전시에 주변 국가들이 철도를 이용해 침입할 것을 우려하여 궤간을 다르게 하였다. 또한 열차 속력과 운송량, 건설 비용 등을 고려하여 궤간을 조정하였다.

일본은 첫 해외 식민지였던 타이완에서는 자국의 철도와 같이 협궤(狹軌)를 설치하였으나 조선의 철도는 대륙 철도와의 연결을 고려하여 표준궤로 하고자 하였다. 청일전쟁 이후 러시아의 영향력이 강해져 조선의 철도 궤간으로 광궤(廣軌)를 채택할 것인지 아니면 표준궤를 채택할 것인지를 두고 러시아와 대립하기도 했지만 결국 일본은 표준궤를 강행하였다.

서구 열강이 중국에 건설한 철도는 기본적으로 표준궤였다. 하지만 만주 지역에 건설된 철도 중 러시아가 건설한 구간은 1.524m의 광궤였다. 러일전쟁 과정에서 일본은 자국의 열차를 그대로 사용하기 위해 러시아가 건설한 그 철도 구간을 협궤로 개조하는 작업을 시작했다. 그러다가 러일전쟁 이후 포츠머스조약으로 일본이 러시아로부터 그 구간의 철도를 얻게 되자 표준궤로 개편하였다.

1911년 압록강 철교가 준공되자 표준궤를 채택한 조선 철도는 만주의 철도와 바로 연결이 가능해졌다. 1912년 일본 신바시에서 출발해 시모노세키－부산 항로를 건너 조선의 경부선과 경의선을 따라 압록강 대교를 통과해 만주까지 이어지는 철도 수송 체계가 구축되었다.

① 러일전쟁 당시 일본 국내의 철도는 표준궤였다.
② 부산에서 만주까지를 잇는 철도는 광궤로 구축되었다.
③ 러일전쟁 이전 만주 지역의 철도는 모두 광궤로 건설되었다.
④ 청일전쟁 이후 러시아는 조선의 철도를 광궤로 할 것을 주장하였다.
⑤ 영국의 표준궤는 유럽 국가들이 철도를 건설하는 데 경제적 부담을 줄여 주었다.

정답해설 둘째 단락에서 '청일전쟁 이후 러시아의 영향력이 강해져 조선의 철도 궤간으로 광궤(廣軌)를 채택할 것인지 아니면 표준궤를 채택할 것인지를 두고 러시아와 대립하기도 했지만 결국 일본은 표준궤를 강행하였다'라고 하였는데, 이를 통해 러시아는 조선의 철도 궤간을 광궤로 채택하자고 하였고, 일본은 표준궤로 할 것을 주장하였다는 것을 알 수 있다. 따라서 ④는 글을 통해 알 수 있는 내용이다.

① 둘째 단락의 첫 문장에서 '일본은 첫 해외 식민지였던 타이완에서는 자국의 철도와 같이 협궤(狹軌)를 설치하였으나'라고 하였고, 셋째 단락의 세 번째 문장에서 '러일전쟁 과정에서 일본은 자국의 열차를 그대로 사용하기 위해 러시아가 건설한 그 철도 구간을 협궤로 개조하는 작업을 시작했다'라고 하였다. 따라서 러일전쟁 당시 일본 국내의 철도는 표준궤가 아니라 협궤였다는 것을 알 수 있다.

② 넷째 단락의 첫 문장에서 '1911년 압록강 철교가 준공되자 표준궤를 채택한 조선 철도는 만주의 철도와 바로 연결이 가능해졌다'라고 하였는데, 여기서 부산에서 만주까지의 철도는 광궤가 아니라 표준궤로 구축되었다는 것을 알 수 있다.

③ 셋째 단락의 앞부분에서 '서구 열강이 중국에 건설한 철도는 기본적으로 표준궤였다. 하지만 만주 지역에 건설된 철도 중 러시아가 건설한 구간은 1.524m의 광궤였다'라고 하였다. 따라서 러일전쟁 이전에 중국 만주 지역의 철도는 기본적으로 표준궤였고, 이 중 러시아가 건설한 구간만 광궤였다는 것을 알 수 있다.

⑤ 영국의 표준궤에 대해 언급된 부분은 첫째 단락인데, 여기서 영국의 표준궤가 유럽 국가들의 철도 건설에 있어 경제적 부담을 줄여 주었다는 내용은 제시되지 않았다. 오히려 첫째 단락의 마지막 문장에서 '차 속력과 운송량, 건설 비용 등을 고려하여 궤간을 조정하였다'라고 하였는데, 다른 조건이 동일하다면 협궤의 경우가 표준궤나 광궤보다 건설 비용이 더 적게 들었다는 것을 추론할 수 있다.

15 다음 글의 밑줄 친 부분과 같은 의미로 사용된 것은?

지난 여름 하면 떠오르는 건 단연 장마였다. 불볕더위로 온 대지가 말라붙었고 사람들도 생기를 잃고 시름시름 지쳐 있을 때 느닷없이 장마가 <u>진</u> 까닭에 사람들은 미처 적응할 여유를 갖지 못했다. 햇볕이 축축한 비로 바뀌었으니 사람들의 몸과 마음은 균형을 잃을 수밖에, 곳곳에서 산사태였고 또 물난리였다.

① 그렇다면 이번에는 우리 팀이 <u>진</u> 걸로 하자.

② 아기가 보채서 젖이 <u>질</u> 새가 없다.

③ 부서장은 그 일의 책임을 <u>지</u>고 물러났다.

④ 지난 주말 경기에서 <u>졌다</u>.

⑤ 어느새 그늘이 <u>졌다</u>.

 제시된 지문의 '지다'는 '어떤 상태나 현상이 이루어지거나 나타나다'의 의미이다. 이러한 의미로 사용된 것은 ⑤이다.

 ① 여기서의 '지다'는 '사정이나 형편상 양보하다'는 의미로 사용되었다.
② '젖이 불어 저절로 나오다'라는 의미로 사용되었다.
③ '책임이나 임무 등을 맡다'라는 의미이다.
④ '상대편을 이기지 못하고 꺽이다', '패배하다'라는 의미로 사용되었다.

16 다음 문장의 빈칸에 가장 들어갈 말로 가장 적절한 것은?

소리는 물체의 진동에 의해 발생하여 공기와 같은 물질을 통해 (　　)된다.

① 계승
② 수여
③ 연결
④ 전수
⑤ 전파

 소리는 공기와 같은 물질을 통해 '전파(傳播)'된다. '전파(傳播)'는 '파동이 매질(媒質) 속을 퍼져 가는 일', 또는 '전하여 널리 퍼뜨림'을 의미하는데, 제시된 문장의 '전파'는 전자의 의미로 사용되었다.

 ① '계승'은 '조상의 전통이나 문화유산, 업적 등을 물려받아 이어 나감, 또는 선임자의 뒤를 이어받음'이라는 의미이다.
② '수여'는 '증서나 상장, 훈장 등을 줌'이라는 의미이다.
③ '연결'은 '사물과 사물 또는 현상과 현상이 서로 이어지거나 관계를 맺음'을 의미한다.
④ '전수'는 '기술이나 지식 등을 전하여 주거나 받음'을 의미한다.

정답 15 ⑤ | 16 ⑤

17 다음 논증에 대한 평가로 적절한 것은?

전제1 : 절대빈곤은 모두 나쁘다.
전제2 : 비슷하게 중요한 다른 일을 소홀히 하지 않고도 우리가 막을 수 있는 절대빈곤이 존재한다.
전제3 : 우리가 비슷하게 중요한 다른 일을 소홀히 하지 않고도 나쁜 일을 막을 수 있다면, 우리는 그 일을 막아야 한다.
결론 : 우리가 막아야 하는 절대빈곤이 존재한다.

① 모든 전제가 참이라고 할지라도 결론은 참이 아닐 수 있다.
② 전제1을 논증에서 뺀다고 하더라도, 전제2와 전제3만으로 결론이 도출될 수 있다.
③ 비슷하게 중요한 다른 일을 소홀히 해도 막을 수 없는 절대 빈곤이 있다면, 결론은 도출되지 않는다.
④ 절대빈곤을 막는 일에 비슷하게 중요한 다른 일을 소홀히 하게 되는 경우가 많다면, 결론은 도출되지 않는다.
⑤ 비슷하게 중요한 다른 일을 소홀히 하지 않고도 막을 수 있는 나쁜 일이 존재한다는 것을 전제로 추가하지 않아도, 주어진 전제만으로 결론은 도출될 수 있다.

정답해설 ⑤의 '비슷하게 중요한 다른 일을 소홀히 하지 않고도 막을 수 있는 나쁜 일이 존재한다는 것'은 제시된 전제를 통해 도출할 수 있는 내용이다. 따라서 ⑤는 추가하지 않아도 제시된 결론을 도출할 수 있으므로, 논증에 대한 평가로 적절하다.

오답해설 ① 모든 전제가 참인 경우 제시된 결론을 도출할 수 있으므로, 결론도 참이 된다.
② 전제1('절대빈곤은 모두 나쁘다')이 빠지는 경우 전제2와 전제3만으로는 "절대빈곤＝나쁜 일"이 성립되지 않으므로, 제시된 결론이 도출된다고 할 수 없다.
③ '비슷하게 중요한 다른 일을 소홀히 해도 막을 수 없는 절대빈곤이 있다'는 것은 막을 수 있는 절대빈곤(나쁜 일)이 존재하는 것을 부정하는 것이 아니므로, 결론이 도출될 수 있다. 따라서 ③도 적절한 평가가 아니다.
④ 절대빈곤을 막는 일에 비슷하게 중요한 다른 일을 소홀히 하게 되는 경우가 많다고 하더라도 그렇지 않은 경우(비슷하게 중요한 다른 일을 소홀히 하지 않고도 막을 수 있는 경우)에는 절대빈곤을 막아야 하므로, 결론이 그대로 도출된다. 따라서 ④ 적절한 평가로 볼 수 없다.

18 다음 대화의 ㉠과 ㉡에 들어갈 말을 가장 적절하게 나열한 것은?

갑 : A와 B 모두 회의에 참석한다면, C도 참석해.
을 : C는 회의 기간 중 해외 출장이라 참석하지 못해.
갑 : 그럼 A와 B 중 적어도 한 사람은 참석하지 못하겠네.
을 : 그래도 A와 D 중 적어도 한 사람은 참석해.
갑 : 그럼 A는 회의에 반드시 참석하겠군.
을 : 너는 ___㉠___ 고 생각하고 있구나?
갑 : 맞아. 그리고 우리 생각이 모두 참이면, E와 F 모두 참석해.
을 : 그래. 그 까닭은 ___㉡___ 때문이지.

① ㉠ : B와 D가 모두 불참한다
㉡ : E와 F 모두 회의에 참석하면 B는 불참하기
② ㉠ : B와 D가 모두 불참한다
㉡ : E와 F 모두 회의에 참석하면 B도 참석하기
③ ㉠ : B가 회의에 불참한다
㉡ : B가 회의에 참석하면 E와 F 모두 참석하기
④ ㉠ : D가 회의에 불참한다
㉡ : B가 회의에 불참하면 E와 F 모두 참석하기
⑤ ㉠ : D가 회의에 불참한다
㉡ : E와 F 모두 회의에 참석하면 B도 참석하기

정답 해설 제시된 대화 중 '갑'의 첫 번째 대화 내용의 대우인 'C가 회의에 참석하지 못하면, A 또는 B는 회의에 참석하지 못한다(A와 B 중 적어도 한 사람은 불참한다)'도 참이 된다. 그런데 두 번째 '을'의 대화(A와 D 중 적어도 한 사람은 참석해)와 세 번째 '갑'의 대화(그럼 A는 회의에 참석하겠군)를 통해 ㉠에는 들어갈 말로는 'D가 회의에 불참한다'가 가장 적절함을 알 수 있다. 그리고 이로 인해 B는 회의에 불참한다는 사실도 알 수 있다. 마지막 '갑'의 대화(우리 생각이 모두 참이면, E와 F 모두 참석해)를 통해 ㉡에는 'B가 회의에 불참하면 E와 F 모두 참석한다'는 내용이 들어간다는 것을 알 수 있다. 따라서 가장 적절한 것은 ④이다.

[19~20] 다음 글을 읽고 물음에 답하시오.

생활에 여유를 주는 공간이라면 더 큰 공간일수록 좋으리라는 생각을 할 수도 있다. 그러나 한국적 공간 개념에는 그와 같은 여유를 추구하면서도 그것이 큰 공간일수록 좋다는 생각은 포함되어 있지 않은 것 같다. 왜 여유의 공간을 넓은 공간으로 생각하지 않았을까? 우리의 국토가 너무 좁기 때문이었을까? 넓은 공간을 유지하기에는 너무 가난했기 때문이었을까? 이러한 부정적 해답도 가능할 것이다. 그러나 그것을 긍정적으로 받아들여서 적극적인 가치 부여를 한다면 거기에는 아주 중요한 사상적 근거가 전제되어 있음을 발견할 수 있다. 그것은 한 마디로 말하자면 자연과 인간이 조화를 이루어야 한다는 사상이다. 가장 인간을 위하는 공간은 곧 가장 자연을 위하는 공간이 되어야 한다는 사상이다. 인간은 결코 자연을 정복할 것이 아니라 자연과의 조화 속에서 궁극적인 가치들을 추구해야 한다는 사상이다. 자연과의 조화를 최대한으로 살리는 공간 개념을 근거로 하고 있음이 중요한 것이다.

건축 행위라는 것은 자연 환경을 인간의 생활환경으로 고쳐 가는 행위라고 할 수도 있다. 물질문명의 발달은 계속 더 적극적인 건축 행위를 필요로 하는 것도 사실이다. 더 많은 공간을 차지하는, 더 크고 화려한 건축물을 요구해 오는 사람들에게 건축은 아무 거리낌없이 건축 행위를 계속해 왔다. 그러나 이제는 그러한 팽창 위주의 건물 행위가 무제한 계속될 수 없다는 사실에 부딪히게 되었다. 인간의 요구 조건만이 아니라 자연의 필요조건도 들어주어야 한다는 것을 인식하게 되었다. 새로운 공간 설계를 원하는 고객도 그것만으로는 충분하지 않다는 생각을 하게 되었다. 우리의 건축 행위가 적극적으로 어떤 가치를 만들어 내느냐도 생각해야 하지만 그것으로 인해서 어떤 부정적 결과가 야기되는 지도 고려해 봐야 한다는 뜻이다. 여기서 네거티비즘이라고 한 것은 이러한 부정적 측면도 고려해 보는 사고방식을 표현하기 위한 것이다.

네거티비즘은 결코 건축 행위를 하지 말자는 뜻이 아니다. 적극적으로 건축 행위를 하되 긍정적인 면과 밝은 면, 또는 인간 중심적인 면이나 건축주의 요청만을 고려하기 때문에 건축 설계에서 제외되기 쉬운 중요한 측면들을 신중하게 고려하자는 것이 네거티비즘의 뜻이다. 그러므로 이것은 하나의 건축 행위가 전제하고 있는 기본 가치관에 관한 문제가 된다. 네거티비즘은 하나의 건축 사상 내지는 건축 철학적 입장이다.

19 다음 중 '네거티비즘' 건축에 대한 설명으로 가장 적절한 것은?

① 자연에 대한 적극적인 건축행위이다.

② 건축주의 요구조건을 충실히 수행한다.

③ 가능한 한 넓은 여유의 공간을 확보한다.

④ 인간과 자연과의 조화를 지향한다.

⑤ 인간의 요구 조건 충족을 최우선으로 한다.

정답 해설 둘째 단락의 중반부에서 '인간의 요구 조건만이 아니라 자연의 필요조건도 들어주어야 한다는 것을 인식하게 되었다'라고 하였고, 후반부에서는 '우리의 건축 행위가 적극적으로 어떤 가치를 만들어 내느냐도 생각해야 하지만 그것으로 인해서 어떤 부정적 결과가 야기되는 지도 고려해 봐야 한다는 뜻이다. 여기서 네거티비즘이라고 한 것은 이러한 부정적 측면도 고려해 보는 사고방식을 표현하기 위한 것이다'라고 하였다. 결국 이를 통해 네거티비즘 건축이 추구하는 것은 인간의 건축적 요구 조건과 자연의 필요조건을 잘 조화시키는 입장이라는 것을 알 수 있다. 따라서 ④가 가장 적절한 설명이다.

오답 해설 ① 네거티비즘 건축은 적극적인 건축 행위를 하되 그로 인해 어떤 부정적 결과가 야기되는 지도 고려해야 한다는 사고방식을 표현한 것이다. 따라서 ①은 적절하지 않다.

② 셋째 단락에서 '인간 중심적인 면이나 건축주의 요청만을 고려하기 때문에 건축 설계에서 제외되기 쉬운 중요한 측면들을 신중하게 고려하자는 것이 네거티비즘의 뜻'이라고 하였다. 따라서 ②도 적절하지 않다.

③ 첫째 단락에서 여유의 공간을 넓은 공간으로 생각하지 않은 것은 자연과의 조화를 최대한으로 살리는 공간 개념을 근거로 하였기 때문이라고 했고, 둘째 단락에서 팽창 위주의 건물 행위는 자연의 필요조건도 들어주어야 하므로 계속될 수 없다고 하였다. 따라서 ③도 네거티비즘 건축과는 거리가 먼 설명이다.

⑤ 셋째 단락의 '인간 중심적인 면이나 건축주의 요청만을 고려하기 때문에 건축 설계에서 제외되기 쉬운 중요한 측면들을 신중하게 고려하자는 것이 네거티비즘의 뜻이다'라는 내용에 부합되지 않는 설명이다.

20 **글쓴이가 자신의 견해를 강조하기 위해 인용할 수 있는 시조로 가장 알맞은 것은?**

① 이런들 어떠하며 저런들 어떠하리. / 만수산(萬壽山) 드렁칡이 얽어진들 그 어떠하리. / 우리도 이같이 얽어져 백 년(百年)까지 누리리라.

② 십 년(十年)을 경영(經營)하야 초려삼간(草廬三間) 지여 내니, / 나 한 간 달 한 간에 청풍(淸風) 한 간 맛져 두고, / 강산(江山)은 들일 듸 업스니 둘러 두고 보리라.

③ 구렁에 났는 풀이 봄비에 절로 길어 / 알을 이 업스니 긔 아니 조흘소냐. / 우리는 너희만 못ᄒᆞ야 실람겨워 ᄒᆞ노라.

④ 국화야 너는 어이 삼월(三月) 동풍(東風) 다 보ᄂᆞ고 / 낙목한천(落木寒天)에 네 홀로 픠엿ᄂᆞ다. / 아마도 오상고절(傲霜孤節)은 너뿐인가 ᄒᆞ노라.

⑤ 청산(靑山)은 엇뎨ᄒᆞ야 만고(萬古)에 프르르며, / 유수(流水)난 엇뎨ᄒᆞ야 주야에 긋디 아니ᄂᆞᆫ고. / 우리도 그치디 마라 만고상청(萬古常靑) 호리라.

정답해설 제시문은 건축 과정에서 인간의 요구 조건만이 아니라 자연의 필요조건도 들어줘야 한다는 것, 즉 자연과 인간의 조화를 함께 고려해야 한다는 견해를 드러낸 글이다. ②는 송순의 시조로 자연에 대한 사랑과 자연과 함께 어우러져 살아가는 안빈낙도의 삶을 노래하고 있으므로, 글쓴이의 견해를 강조하는 내용의 시조가 될 수 있다.

오답해설 ① 이방원의 '하여가'로, 처세에의 지극한 권유가 주제이다.
③ 조선 인조 때 이정환의 '국치비가' 중 한 수로, 병자호란을 당한 애통함을 읊은 시조이다.
④ 조선 중기 이정보의 시조로, 국화(선비)의 높은 절개를 예찬한 작품이다.
⑤ 이황의 시조로, 학문에의 정진을 당부하는 작품이다.

수리능력

[01~02] 다음에 제시된 통계 자료는 어느 국가의 지역별 문자해독률과 문맹률에 대한 자료이다. 이를 토대로 물음에 가장 알맞은 답을 고르시오.

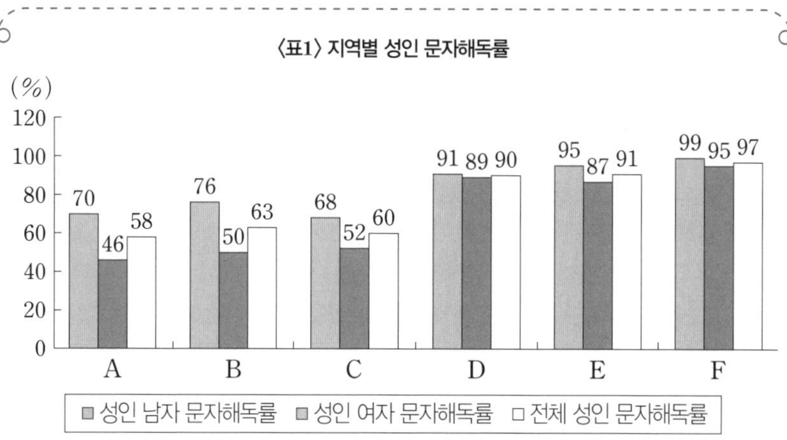

〈표2〉 지역별 청소년 문맹률

구분	A지역	B지역	C지역	D지역	E지역	F지역
문맹률(%)	53.7	10.2	27.1	3	5	1

01 다음 중 가장 올바른 설명은 무엇인가?

① C지역의 성인 남자 문맹률은 성인 여자 문맹률보다 높다.

② 성인 남자 문맹률이 높은 지역일수록 청소년 문맹률이 높다.

③ 성인 남녀 간 문맹률의 차이가 가장 큰 지역은 A이다.

④ 청소년 문맹률과 성인 남자의 문맹률이 같은 지역은 두 지역이다.

⑤ F지역에서 성인 여자 문맹률은 문맹 청소년 비율보다 3배가 크다.

정답 20 ② | 01 ④

문맹률은 '100% − 문자해독률'이 되므로, 성인 남자의 문맹률과 청소년 문맹률이 같은 지역은 E지역(3%)과 F지역(1%) 두 곳이 된다. 따라서 ④는 옳은 내용이다.

① C지역의 성인 남자 문맹률은 '100% − 68% = 32%'이며(∵ 문맹률 = 100% − 문자해독률), 성인 여자 문맹률은 '48%'이다. 따라서 C지역의 경우 여자의 문맹률이 남자의 경우보다 높다.

② 성인 남자의 문맹률이 가장 높은 지역은 C지역(32%)이다. 그런데 C지역의 청소년 문맹률은 27.1%로 두 번째로 높다. 이에 비해 성인 남자 문맹률이 두 번째로 높은 A지역의 청소년 문맹률은 53.7%로 가장 높다. 따라서 ②는 옳지 않다.

③ 문맹률의 차이가 큰 지역일수록 문자해독률의 차이가 크게 나타난다. 남녀 간 문자해독률의 차이는 A지역과 B지역에서 큰데, A지역의 남자 문맹률은 30%, 여자 문맹률은 54%이므로 그 차는 24%이며, B지역의 문맹률은 남자가 24%, 여자가 50%이므로 그 차는 26%이다. 따라서 성인 남녀 간 문맹률의 차이가 가장 큰 지역은 B지역이다.

⑤ F지역의 성인 여자 문맹률은 5%이며 문맹 청소년 비율은 1%이다. 따라서 성인 여자 문맹률이 5배 크다.

02 성인 남녀 간 문맹률의 차이가 가장 큰 지역의 청소년 문맹률(%)과 청소년 문맹률이 네 번째로 높은 지역의 남녀 간 성인 문맹률 차이(%)는 각각 얼마인가?

① 53.7%, 8%
② 10.2%, 8%
③ 53.7%, 2%
④ 10.2%, 2%
⑤ 27.1%, 4%

성인 남녀 간 문맹률의 차이가 가장 큰 B지역의 청소년 문맹률은 10.2%이며, 청소년 문맹률이 네 번째로 높은 E지역의 남녀 간 성인 문맹률 차이는 '13% − 5% = 8%'이다.

[03~04] 다음은 A, B 2개의 극장이 있는 어느 소도시에서 지난 일요일 하루 동안 영화를 본 관람객수를 연령대별로 조사한 것이다. 이날 하루 두 극장에서 영화를 본 사람이 모두 5,000명이고, 이 중 60%가 A극장에서, 40%가 B극장에서 영화를 봤다고 할 때 다음 물음에 적절한 답을 고르시오.

구분	20대 비율(%)	30대 비율(%)	40대 비율(%)	50대 이상 비율(%)
A극장	29	36	24	11
B극장	14	27	39	20

03 지난 일요일 하루 동안 A극장에서 영화를 본 30대 관람객은 모두 몇 명인가?

① 810명
② 870명
③ 1,080명
④ 1,170명
⑤ 1,800명

정답 해설 일요일 하루 동안 두 극장에서 영화를 본 사람이 모두 5,000명이고 이 중 60%가 A극장에서 보았으므로, 이날 하루 A극장에서 영화를 본 총관람객 수는 '5,000×0.6=3,000(명)'이다. 그리고 A극장 관람객의 36%가 30대였으므로, 이날 30대 관람객은 '3,000×0.36=1,080(명)'이 된다.

정답 02 ② | 03 ③

04 다음 중 옳지 않은 것은?

① 지난 일요일 A극장을 찾은 50대 이상의 관람객수는 B극장을 찾은 20대 관람객수보다 많다.
② 지난 일요일 B극장을 찾은 40대 관람객수는 780명이다.
③ 지난 일요일 30대 관람객수는 A극장이 B극장의 2배이다.
④ 지난 일요일 40대 관람객수는 A극장보다 B극장이 더 많다.
⑤ 지난 일요일 50대 이상의 관람객수는 B극장보다 A극장이 더 많다.

 지난 일요일 극장을 찾은 세대별 관람객수를 구하면 다음과 같다.

구분	20대 관객수(명)	30대 관객수(명)	40대 관객수(명)	50대 이상 관객수(명)
A극장	870	1,080	720	330
B극장	280	540	780	400

지난 일요일 50대 이상의 관람객수는 A극장보다 B극장이 더 많았다. 따라서 ⑤는 옳지 않은 내용이다.

[05~06] 다음은 한 국가의 자동차 시장의 매출 규모와 자동차 업체 A, B, C의 시장 점유율을 나타낸 것이다. 이를 토대로 다음 물음에 알맞은 답을 고르시오.

구분	2014년	2015년	2016년	2017년	2018년
전체 시장 규모 (백억 원)	7,830	8,620	9,310	10,120	10,350
A업체 점유율(%)	5.7	6.0	6.5	7.1	7.5
B업체 점유율(%)	5.3	5.0	4.5	4.3	4.0
C업체 점유율(%)	3.5	3.6	3.1	2.9	3.0

05 다음 중 옳지 않은 것은?

① A업체의 매출은 계속하여 증가하고 있다.

② B업체의 매출은 계속하여 감소하고 있다.

③ C업체의 시장 점유율은 2015년에서 2016년 사이에 가장 크게 감소했다.

④ B업체와 C업체의 2018년 매출 규모의 차이는 1조원 이상이다.

⑤ 다른 조건의 변화가 없다면 2019년 A업체와 B업체의 점유율 격차는 이전보다 더 커질 것이다.

정답 해설 B업체의 경우 시장 점유율은 계속하여 감소하고 있으나 시장 규모가 꾸준히 확대되고 있으므로 매출이 계속 줄고 있는 것은 아니다. 실제 2016년 B업체의 매출 규모는 '9,310×0.045=418.95(백억 원)'이나 2017년 매출 규모는 '10,120×0.043=435.16(백억 원)'이므로, 오히려 증가하였다.

오답 해설 ① 전체 시장 규모가 매년 계속해 증가하고 있고 A업체의 시장 점유율도 계속해 높아지고 있으므로, A업체의 매출은 계속해서 증가하고 있다고 할 수 있다.

② C업체의 시장 점유율 변화를 볼 때, 2015년 3.6%에서 2016년 3.1%로 가장 크게 감소했다.

③ 2018년 B업체의 매출 규모는 '10,350×0.04=414(백억 원)'이며, C업체의 매출 규모는 '10,350×0.03=310.5(백억 원)'이다. 따라서 매출 규모의 차이 '103.5(백억 원)'이므로, 1조원 이상이 된다.

⑤ A업체의 시장 점유율은 지속적으로 증가하고 있고, B업체의 시장 점유율은 지속적으로 감소하고 있는 추세이다. 따라서 다른 조건에 변화가 없다면, 2019년 A업체와 B업체의 점유율 격차는 이전보다 더 커질 것이다.

06 **2019년 자동차 시장의 규모가 전년도에 비해 2% 증가하고 C업체의 2019년 시장 점유율은 전년도와 같다고 가정할 때, 2019년에 예상되는 C업체의 매출 총액에 가장 가까운 것은? (다른 나라에서의 매출은 고려하지 않는다.)**

① 2조 8,500억 원
② 2조 9,700억 원
③ 3조 1,600억 원
④ 3조 4,300억 원
⑤ 3조 7,400억 원

 시장 규모가 전년도에 비해 2% 증가한다면 2019년 시장 규모는 '10,350×1.02=10,557(백억 원)'이 된다. 따라서 C업체의 2019년 점유율이 전년도와 같은 3.0%라 할 때, 2019년 매출 총액은 '10,557×0.03=316.71(백억 원)'이다.

[07~08] 다음의 표는 지하층이 없고 건물마다 각 층의 바닥 면적이 동일한 건물 A, B, C, D의 건물 정보를 나타낸 것이다. 여기서 건축면적은 건물 1층의 바닥 면적을 말하며, 연면적은 건물의 각 층 바닥 면적의 총합을 말한다. 이 정보를 토대로 다음에 물음에 알맞은 답을 고르시오.

건물명	건폐율(%)	대지면적(m^2)	연면적(m^2)
A	50	300	600
B	60	300	
C	60	200	720
D	50	200	800

※ 건폐율(%)=(건축면적÷대지면적)×100

07 건물 A와 D의 층수를 합하면 얼마인가?

① 6층
② 8층
③ 10층
④ 12층
⑤ 14층

정답해설 각 층의 바닥 면적이 동일하므로 '층수=연면적÷건축면적'이 된다. 따라서 건축면적을 알면 층수를 구할 수 있다. 그런데 '건폐율=(건축면적÷대지면적)×100'이라고 하였으므로,
'건축면적=건폐율×대지면적÷100'이 성립한다.
이에 따라 우선 A의 건축면적을 구하면 '50×300÷100=150(m^2)'이고,
A의 층수는 '600÷150=4(층)'이 된다.
마찬가지로 하여 D의 건축면적을 구하면 '50×200÷100=100(m^2)'이고,
층수는 '800÷100=8(층)'이다. 따라서 두 건물의 층수를 합하면 12층이다.

08 건물 B와 C의 층수가 같다고 할 때, 건물 B의 연면적은 얼마인가?

① 1,240m^2
② 1,080m^2
③ 960m^2
④ 800m^2
⑤ 720m^2

정답해설 건축면적은 '건폐율×대지면적÷100'이고 층수는 '연면적÷건축면적'이 된다. 따라서 C의 건축면적은 '200×60÷100=120(m^2)', 층수는 '720÷120=6(층)'이다. 건물 B와 C의 층수가 같다고 했으므로, B의 층수도 6층이 된다.
한편 '연면적=층수×건축면적'이므로 '연면적=층수×(건폐율×대지면적÷100)'도 성립한다.
따라서 건물 B의 연면적은 '6×(60×300÷100)=1,080(m^2)'가 된다.

정답 06 ③ | 07 ④ | 08 ②

[09~10] 다음의 표는 한 사학자가 고려시대 문헌을 통하여 당시 상류층(왕족, 귀족, 승려) 남녀 각각 160명에 대한 자료를 분석하여 작성한 것이다. 이를 토대로 다음 물음에 알맞은 답을 고르시오.

[고려시대 상류층의 혼인 및 사망연령과 자녀수]

구분		평균 혼인연령(세)	평균 사망연령(세)	평균 자녀수(명)
승려(80명)	남(50명)	–	69	–
	여(30명)	–	71	–
왕족(40명)	남(30명)	19	42	10
	여(10명)	15	46	3
귀족(200명)	남(80명)	15	45	5
	여(120명)	20	56	6

※ 승려를 제외한 모든 남자는 혼인하였고 이혼하거나 사별한 사례는 없음

09 다음 진술 중 옳지 않은 것은?

① 왕족 남자의 평균 혼인 기간은 귀족 남자의 평균 혼인 기간보다 길다.
② 승려의 평균 사망연령은 남녀 모두 상류층에서 가장 높다.
③ 상류층의 경우도 성별에 따라 자녀수에서 차이가 발생한다.
④ 상류층에서 평균 사망연령의 남녀 간 차이는 귀족이 가장 크다.
⑤ 귀족 남자의 평균 혼인연령은 왕족 남자의 경우보다 낮으며, 귀족 여자의 평균 혼인연령은 왕족 여자의 경우보다 높다.

정답해설 이혼이나 사별이 없다고 하였으므로 혼인 기간은 혼인부터 사망까지의 기간을 말한다. 따라서 귀족 남자의 평균 혼인 기간은 30년(45－15)이며 왕족 남자의 평균 혼인 기간은 23년(42－19)이므로, 귀족 남자의 경우가 왕족 남자의 경우보다 길다. 따라서 ①은 옳지 않은 진술이다.

② 승려의 평균 사망연령은 남자가 69세, 여자가 71세로 다른 상류층보다 높다.
③ 왕족의 경우 남자는 자녀수가 10명, 여자의 자녀수는 3명이며, 귀족의 경우 남자의 자녀수는 5명, 여자의 자녀수는 6명이다. 따라서 옳은 진술이 된다.

④ 평균 사망연령의 남녀 간 차이는 승려의 경우 2년, 왕족의 경우 4년, 귀족의 경우 11년이므로, 옳은 진술이다.

⑤ 평균 혼인연령의 경우 귀족 남자의 경우 15, 왕족 남자의 경우 19세, 귀족 여자의 경우 20세, 왕족 여자의 경우 15세이므로, ⑤도 옳은 진술이다.

10 고려시대 귀족의 평균 자녀수로 가장 알맞은 것은?

① 5명
② 5.3명
③ 5.5명
④ 5.6명
⑤ 6명

정답해설 '귀족의 평균 자녀수 = 귀족의 자녀수 ÷ 귀족의 수'이므로, '$\frac{(80\times5)+(120\times6)}{200}=5.6$(명)'이 된다.

정답 09 ① | 10 ④

[11~12] 다음 〈표〉는 2017년 A시 '가~다' 지역의 아파트 실거래 가격지수를 나타낸 자료이다. 이를 토대로 물음에 알맞은 답을 고르시오.

〈표〉 2017년 A시 '가'~'다' 지역의 아파트 실거래 가격지수

월 \ 지역	가	나	다
1	100.0	100.0	100.0
2	101.1	101.6	99.9
3	101.9	103.2	100.0
4	102.6	104.5	99.8
5	103.0	105.5	99.6
6	103.8	106.1	100.6
7	104.0	106.6	100.4
8	105.1	108.3	101.3
9	106.3	110.7	101.9
10	110.0	116.9	102.4
11	113.7	123.2	103.0
12	114.8	126.3	102.4

※ N월 아파트 실거래 가격지수 $= \frac{\text{해당 지역의 N월 아파트 실거래 가격}}{\text{해당 지역의 1월 아파트 실거래 가격}} \times 100$

11 다음 설명 중 옳은 것은?

① '가' 지역의 6월 아파트 실거래 가격은 '다' 지역의 6월 아파트 실거래 가격보다 높다.

② '나' 지역의 아파트 실거래 가격은 다른 두 지역의 아파트 실거래 가격보다 매월 높다.

③ '다' 지역의 10월 아파트 실거래 가격과 12월 아파트 실거래 가격은 같다.

④ '가' 지역의 1월 아파트 실거래 가격이 1억원이면 '가' 지역의 7월 아파트 실거래 가격은 1억 4천만원이다.

⑤ 2017년 하반기 동안 아파트 실거래 가격은 각 지역에서 매월 상승하였다.

1DAY 2DAY 3DAY

정답해설 '다' 지역의 아파트 실거래 가격은 알 수 없지만, 1월 실거래 가격과 대비한 10월과 12월 아파트 실거래 가격지수가 102.4로 같기 때문에, 10월과 12월의 아파트 실거래 가격도 같다고 할 수 있다. 따라서 ③은 옳은 설명이다.

오답해설 ① '가' 지역과 '다' 지역의 1월 아파트 실거래 가격을 알 수 없으므로, 두 지역의 6월 아파트 실거래 가격도 알 수 없다. 따라서 ①은 옳지 않다.

② 세 지역의 1월 아파트 실거래 가격을 알 수 없으므로, 각 지역의 월별 아파트 실거래 가격도 알 수 없다. 따라서 옳지 않은 설명이다.

④ 'N월 아파트 실거래 가격지수 $= \dfrac{\text{해당 지역의 N월 아파트 실거래 가격}}{\text{해당 지역의 1월 아파트 실거래 가격}} \times 100$'이 되므로, 여기에 '가' 지역의 1월 아파트 실거래 가격(1억)과 7월 아파트 실거래 가격지수(104.0)를 대입하면 '$104.0 = \dfrac{\text{'가' 지역의 7월 아파트 실거래 가격}}{\text{1(억)}} \times 100$'이 된다. 따라서 '가' 지역의 7월 아파트 실거래 가격은 1.04억원(1억 4백만원)이 된다.

⑤ 2017년 하반기(7~12월) 동안의 아파트 실거래 가격 중 '다' 지역의 12월에는 가격이 하락하였다. 따라서 ⑤도 옳지 않을 설명이다.

12 '가', '나', '다' 지역의 1월 아파트 실거래 가격이 각각 2억 9천만원, 2억 7천만원, 3억 2천만원이라 할 때, 2017년 아파트 실거래 가격이 가장 높았던 지역과 해당 월은?

① '가' 지역, 12월
② '나' 지역, 12월
③ '다' 지역, 12월
④ '나' 지역, 11월
⑤ '다' 지역, 11월

정답 해설 아파트 실거래 가격은 아파트거래가격지수에 비례하므로, '가' 지역과 '나' 지역은 12월에 가장 높았고, '다' 지역은 11월에 가장 높았다. 또한 위의 아파트 실거래 가격지수의 식에서 'N월 아파트 실거래 가격$=\frac{\text{N월 아파트 실거래 가격지수} \times \text{1월 아파트 실거래 가격}}{100}$'이 성립하므로, 이를 통해 각각의 아파트 실거래 가격을 구하면 다음과 같다.

- '가' 지역의 12월 아파트 실거래 가격 : $\frac{114.8 \times \text{2억 9천만원}}{100}$=3억 3,292만원
- '나' 지역의 12월 아파트 실거래 가격 : $\frac{126.3 \times \text{2억 7천만원}}{100}$=3억 4,101만원
- '다' 지역의 11월 아파트 실거래 가격 : $\frac{103.0 \times \text{3억 2천만원}}{100}$=3억 2,960만원

따라서 '나' 지역의 12월 아파트 실거래 가격이 가장 높았다.

13 다음 〈그림〉은 A~J 10개 국가의 1인당 GDP와 1인당 의료비지출액을 나타낸 것이다. 이에 대한 설명으로 옳은 것은?

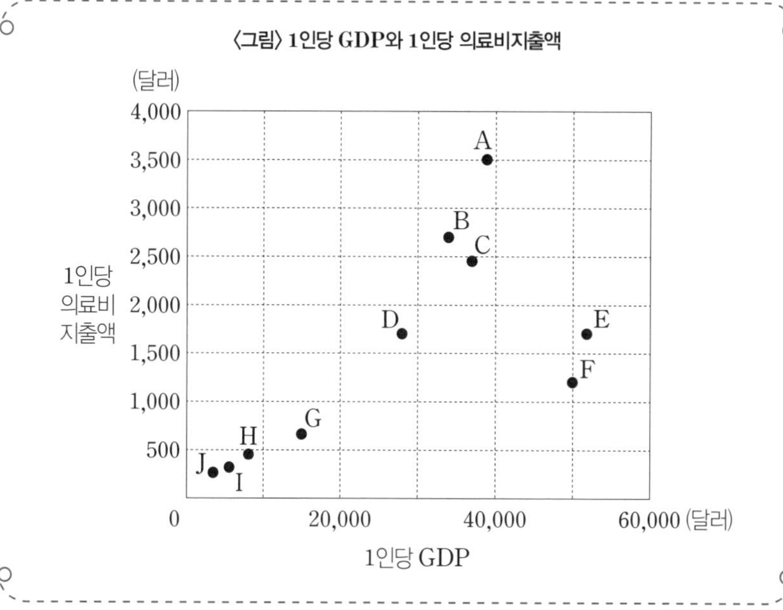

① 1인당 의료비지출액이 가장 적은 국가는 1인당 GDP가 가장 낮고, 1인당 의료비지출액이 가장 많은 국가는 1인당 GDP도 가장 높다.

② 1인당 의료비지출액이 가장 많은 국가와 가장 적은 국가의 1인당 의료비지출액 차이는 3천달러 이하이다.

③ 1인당 GDP가 가장 높은 국가와 1인당 GDP가 6번째 높은 국가의 1인당 의료비지출액 차이는 5백달러 이상이다.

④ 1인당 GDP 상위 5개 국가의 1인당 의료비지출액 합은 1인당 GDP 하위 5개 국가의 1인당 의료비지출액 합의 5배 이상이다.

⑤ 1인당 GDP가 2만달러 이상인 국가의 1인당 의료비지출액은 1천달러 이상이다.

정답 해설 E, F, A, C, B, D국이며, 이 국가들의 1인당 의료비지출액은 모두 1천달러 이상이 된다. 따라서 ⑤는 옳은 설명이다.

① 1인당 의료비지출액이 가장 적은 J국은 1인당 GDP도 가장 낮으나, 1인당 의료비지출액이 가장 많은 A국은 1인당 GDP가 세 번째로 높다. 따라서 옳지 않은 설명이다.

② 1인당 의료비지출액이 가장 많은 A국의 1인당 의료비지출액은 3,500달러이고, 1인당 의료비지출액이 가장 적은 J국의 1인당 의료비지출액은 대략 250달러 수준이다. 따라서 두 국가의 1인당 의료비지출액은 3천달러 이상이다.

③ 1인당 GDP가 가장 높은 국가는 E국이며, E국의 1인당 의료비지출액은 대략 1,700달러이다. 1인당 GDP가 6번째 높은 국가는 D국이며, D국의 1인당 의료비지출액도 대략 1,700달러이다. 따라서 두 국가의 1인당 의료비지출액의 차이는 5백달러 이하이다.

④ 1인당 GDP 상위 5개 국가는 E, F, A, C, B국이며, 이 국가들의 1인당 의료비지출액은 순서대로 대략 '1,700달러, 1,200달러, 3,500달러, 2,500달러, 2,700달러'이다. 따라서 그 합은 '11,600달러'가 된다. 1인당 GDP 하위 5개 국가는 J, I, H, G, D국이며, 이 국가들의 1인당 의료비지출액은 순서대로 대략 '250달러, 300달러, 450달러, 700달러, 1,700달러'이므로, 그 합은 '3,400달러'가 된다. 따라서 1인당 GDP 상위 5개 국가의 1인당 의료비지출액 합은 하위 5개 국가의 1인당 의료비지출액 합의 5배 이하가 된다.

14 다음 〈표〉는 2009~2014년 건설공사 공종별 수주액 현황을 나타낸 자료이다. 이를 이용하여 작성한 그래프로 옳지 않은 것은?

〈표〉 건설공사 공종별 수주액 현황

(단위 : 조원, %)

구분 연도	전체	전년대비 증감률	토목	전년대비 증감률	건축	전년대비 증감률	주거용	비주거용
2009	118.7	−1.1	54.1	31.2	64.6	−18.1	39.1	25.5
2010	103.2	−13.1	41.4	−23.5	61.8	−4.3	31.6	30.2
2011	110.7	7.3	38.8	−6.3	71.9	16.3	38.7	33.2
2012	99.8	−9.8	34.0	−12.4	65.8	−8.5	34.3	31.5
2013	90.4	−9.4	29.9	−12.1	60.5	−8.1	29.3	31.2
2014	107.4	18.8	32.7	9.4	74.7	23.5	41.1	33.6

① 건설공사 전체 수주액의 공종별 구성비

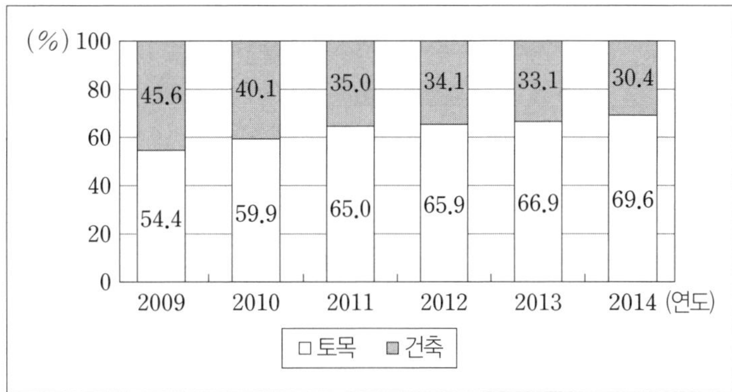

② 토목 공종의 수주액 및 전년대비 증감률

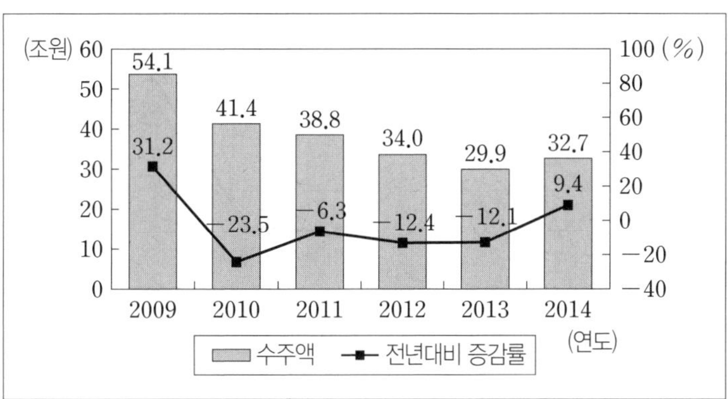

③ 건축 공종의 수주액

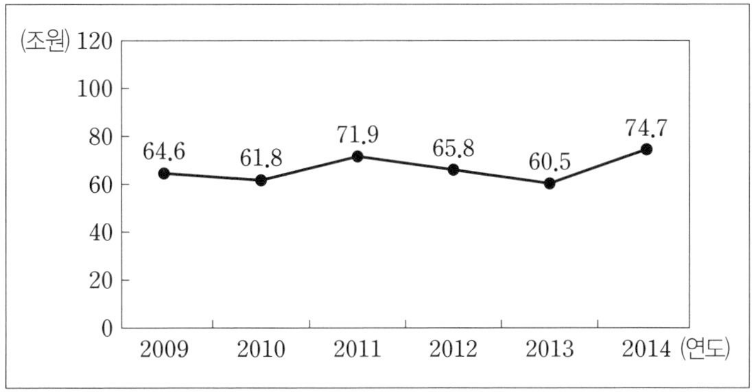

정답 14 ①

④ 건축 공종 중 주거용 및 비주거용 수주액

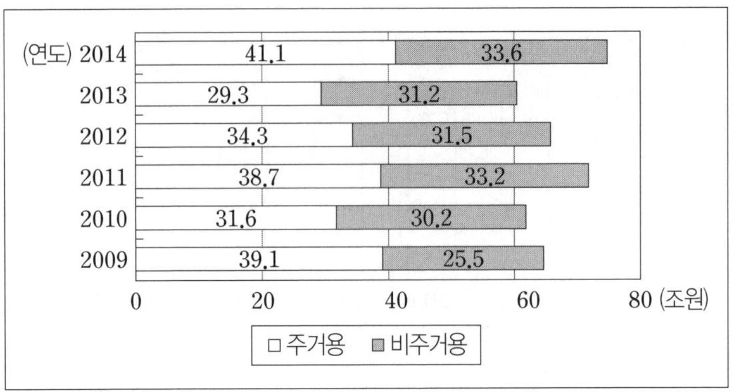

⑤ 건설공사 전체 및 건축 공종 수주액의 전년대비 증감률

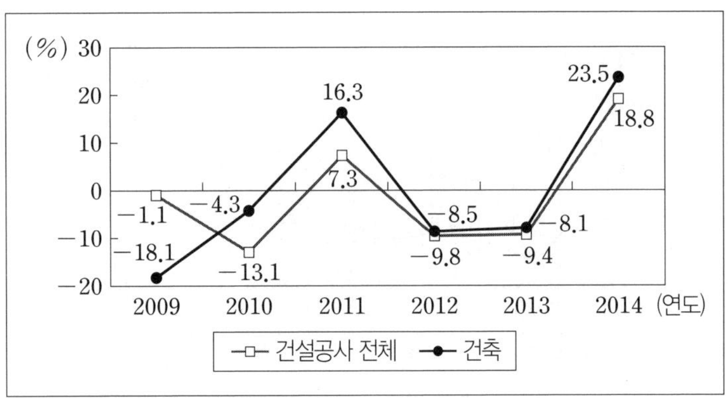

정답 해설 건설공사 전체 수주액은 토목보다 건축이 매년 많으므로, 수주액의 공종별 구성비도 건축이 더 커야 한다. 따라서 ①의 자료는 옳지 않다. 실제로 2009년의 건설공사 전체 수주액은 118.7(조 원)이고 토목 공종의 수주액은 54.1(조 원), 건축 공정의 수주액은 64.6(조 원)이므로, 토목 공종의 수주액의 구성비는 '$\frac{54.1}{118.7} \times 100 \fallingdotseq 45.6\%$'가 되고, 건축 공종의 수주액 구성비는 대략 '54.4%'가 된다. 따라서 ①의 경우 토목과 건축 공정의 수주액 구성비가 바뀌었다고 할 수 있다. 나머지 ②~⑤는 모두 표의 내용과 부합하는 그래프이다.

15 다음 〈표〉는 '갑'국의 주택보급률 및 주거공간 현황에 대한 자료이다. 이에 대한 설명 중 옳지 않은 것은?

〈표〉 '갑'국의 주택보급률 및 주거공간 현황

연도	가구수(천가구)	주택보급률(%)	주거공간	
			가구당(m^2/가구)	1인당(m^2/인)
2000	10,167	72.4	58.5	13.8
2001	11,133	86.0	69.4	17.2
2002	11,928	96.2	78.6	20.2
2003	12,491	105.9	88.2	22.9
2004	12,995	112.9	94.2	24.9

※ 1) 주택보급률(%)$=\frac{\text{주택수}}{\text{가구수}}\times 100$

2) 가구당 주거공간(m^2/가구)$=\frac{\text{주거공간 총면적}}{\text{가구수}}$

3) 1인당 주거공간(m^2/인)$=\frac{\text{주거공간 총면적}}{\text{인구수}}$

① 주택수는 매년 증가하였다.

② 가구당 주거공간과 1인당 주거공간의 면적은 매년 증가하였다.

③ 2001~2004년 동안 1인당 주거공간의 전년대비 증가율이 가장 큰 해는 2001년이다.

④ 2004년 주거공간 총면적은 2000년 주거공간 총면적의 2배 이상이다.

⑤ 2003년 주택을 두 채 이상 소유한 가구수는 2002년보다 증가하였다.

정답해설 제시된 〈표〉의 자료만으로는 가구당 소유 주택수를 알 수 없다. 따라서 주택을 두 채 이상 소유한 가구수도 알 수 없으므로, ⑤는 옳지 않은 설명이다.

오답해설 ① '주택보급률(%)$=\frac{\text{주택수}}{\text{가구수}}\times 100$'이므로 '주택수$=\frac{\text{주택보급률}\times\text{가구수}}{100}$'이 된다. 그런데 주택보급률과 가구수가 매년 증가했으므로, 주택수도 매년 증가하였다고 볼 수 있다.

② 〈표〉의 내용에서 확인할 수 있다.

③ 2001년의 경우, 1인당 주거공간의 전년대비 증가율은 '$\frac{(17.2-13.8)}{13.8}\times 100 \fallingdotseq 24.6\%$'이다. 이

는 나머지 년도의 1인당 주거공간의 전년대비 증가율보다 크다. 따라서 ③은 옳은 설명이다.

④ '가구당 주거공간$=\frac{\text{주거공간 총면적}}{\text{가구수}}$'이므로 '주거공간 총면적=가구당 주거공간×가구수'가 된다. 2004년의 주거공간 총면적은 '94.2×12,995=1,224,129(천m^2)'가 되며, 2000년 주거공간 총면적은 '58.5×10,167,000=594,769(천m^2)'가 된다. 따라서 2004년 주거공간 총면적은 2000년 주거공간 총면적의 2배 이상이다.

16 다음 〈표〉와 〈그림〉은 2009~2012년 도시폐기물량 상위 10개국의 도시폐기물량지수와 한국의 도시폐기물량을 나타낸 것이다. 이에 대한 〈보기〉의 설명 중 옳은 것만을 모두 고르면?

〈표〉 도시폐기물량 상위 10개국의 도시폐기물량지수

순위	2009년		2010년		2011년		2012년	
	국가	지수	국가	지수	국가	지수	국가	지수
1	미국	12.05	미국	11.94	미국	12.72	미국	12.73
2	러시아	3.40	러시아	3.60	러시아	3.87	러시아	4.51
3	독일	2.54	브라질	2.85	브라질	2.97	브라질	3.24
4	일본	2.53	독일	2.61	독일	2.81	독일	2.78
5	멕시코	1.98	일본	2.49	일본	2.54	일본	2.53
6	프랑스	1.83	멕시코	2.06	멕시코	2.30	멕시코	2.35
7	영국	1.76	프랑스	1.86	프랑스	1.96	프랑스	1.91
8	이탈리아	1.71	영국	1.75	이탈리아	1.76	터키	1.72
9	터키	1.50	이탈리아	1.73	영국	1.74	영국	1.70
10	스페인	1.33	터키	1.63	터키	1.73	이탈리아	1.40

※ 도시폐기물량지수$=\frac{\text{해당년도 해당 국가의 도시폐기물량}}{\text{해당년도 한국의 도시폐기물량}}$

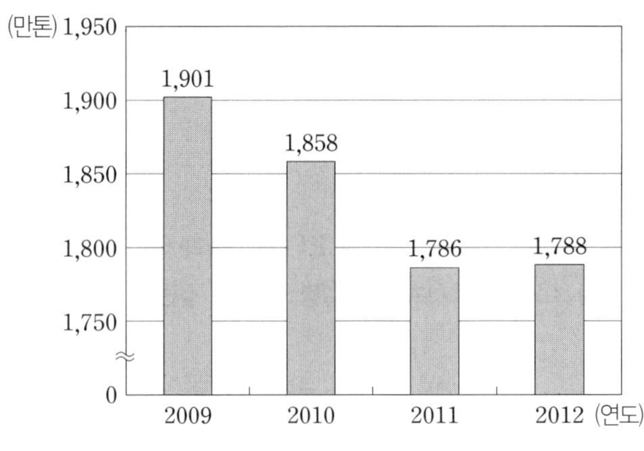

보기

ㄱ. 2010년 도시폐기물량은 미국이 프랑스의 6배 이상이다.

ㄴ. 2011년 멕시코의 도시폐기물량은 4,000만톤 이하이다.

ㄷ. 2012년 스페인의 도시폐기물량은 2009년에 비해 감소하였다.

ㄹ. 이탈리아의 도시폐기물량은 영국의 도시폐기물량보다 매년 적다.

① ㄱ, ㄴ ② ㄱ, ㄷ

③ ㄴ, ㄷ ③ ㄴ, ㄹ

⑤ ㄷ, ㄹ

정답해설 ㄱ. '도시폐기물량지수 $=\frac{\text{해당년도 해당 국가의 도시폐기물량}}{\text{해당년도 한국의 도시폐기물량}}$'이므로, '해당년도 해당 국가의 도시폐기물량 = 도시폐기물량지수 × 해당년도 한국의 도시폐기물량'이 된다. 여기서 "해당년도 한국의 도시폐기물량"은 동일년도의 경우 일정하므로, 도시폐기물량은 곧 도시폐기물량지수에 비례하게 된다. 2010년 미국의 도시폐기물량은 '11.94'에 비례하고 프랑스의 도시폐기물량은 '1.86'에 비례하므로, 결국 2010년 도시폐기물량은 미국이 프랑스의 6배 이상이 된다. 따라서 'ㄱ'은 옳은 설명이다.

ㄷ. '도시폐기물량 = 도시폐기물량지수 × 해당년도 한국의 도시폐기물량'이므로, 2009년 스페인의 도시폐기물량은 '1.33 × 1,901 ≒ 2,528.3(만톤)'이 된다. 2012년 스페인의 도시폐기물량은 상위 10개국에 포함되지 않으므로, 이탈리아의 도시폐기물량보다 적다. 2012년 이탈리아의 도시폐기물량은 '1.40 × 1,788 ≒ 2,503.2(만톤)'이므로, 결국 2012년 스페인의 도시폐기물량은 2009년에 비해 감소하였다고 할 수 있다. 따라서 'ㄷ'도 옳은 설명이다.

정답 16 ②

ㄴ. 2011년 멕시코의 도시폐기물량은 '2.3×1,786=4,107.8(만톤)'이다. 따라서 2011년 멕시코의 도시폐기물량은 4,000만톤 이상이 된다.

ㄹ. 도시폐기물량은 도시폐기물량지수에 비례하므로, 이탈리아의 도시폐기물량은 2009년, 2010년, 2012년에 영국보다 적고, 2011년에 영국보다 많다.

17 다음 〈표〉는 2018년 지역별 PC 보유율과 인터넷 이용률에 관한 자료이다. 이에 대한 〈보기〉의 설명 중 옳은 것만을 모두 고르면?

〈표〉 2018년 지역별 PC 보유율과 인터넷 이용률

(단위 : %)

구분 지역	PC 보유율	인터넷 이용률
서울	88.4	80.9
부산	84.6	75.8
대구	81.8	75.9
인천	87.0	81.7
광주	84.8	81.0
대전	85.3	80.4
울산	88.1	85.0
세종	86.0	80.7
경기	86.3	82.9
강원	77.3	71.2
충북	76.5	72.1
충남	69.9	69.7
전북	71.8	72.2
전남	66.7	67.8
경북	68.8	68.4
경남	72.0	72.5
제주	77.3	73.6

보기

ㄱ. 경남보다 PC 보유율이 낮은 지역의 인터넷 이용률은 모두 경남의 인터넷 이용률보다 낮다.
ㄴ. PC 보유율이 세 번째로 높은 지역은 인터넷 이용률도 세 번째로 높다.
ㄷ. 울산의 인터넷 이용률은 인터넷 이용률이 가장 낮은 지역의 1.3배 이상이다.
ㄹ. PC 보유율보다 인터넷 이용률이 높은 지역은 전북, 전남 두 지역이다.

① ㄱ, ㄴ
② ㄱ, ㄷ
③ ㄱ, ㄹ
④ ㄴ, ㄷ
⑤ ㄴ, ㄹ

ㄱ. 경남보다 PC 보유율이 낮은 지역은 충남, 전북, 전남, 경북 4지역이며, 이 4지역의 인터넷 이용률은 모두 경남의 인터넷 이용률보다 낮다. 따라서 'ㄱ'은 옳은 설명이다.
ㄴ. PC 보유율이 세 번째로 높은 지역은 인천(87%)이며, 인천의 인터넷 이용률(81.7%)도 세 번째로 높다. 따라서 'ㄴ'도 옳은 설명이다.

ㄷ. 울산의 인터넷 이용률은 85%이며, 인터넷 이용률이 가장 낮은 지역은 전남으로, 전남의 인터넷 이용률은 67.8%이다. 울산의 인터넷 이용률은 전남의 인터넷 이용률의 1.25배 정도가 되므로, 'ㄷ'은 옳지 않은 설명이 된다.
ㄹ. PC 보유율보다 인터넷 이용률이 높은 지역은 전북, 전남, 경남의 세 지역이므로, 'ㄹ'도 옳지 않다.

정답 17 ①

18 다음 〈표〉와 〈그림〉은 2002년과 2012년 '갑'국의 국적별 외국인 방문객에 관한 자료이다. 이에 대한 설명으로 옳지 않은 것은?

〈표〉 외국인 방문객 현황

(단위 : 명)

연도	2002	2012
외국인 방문객 수	5,347,468	9,794,796

〈그림1〉 2002년 국적별 외국인 방문객 수 (상위 10개국)

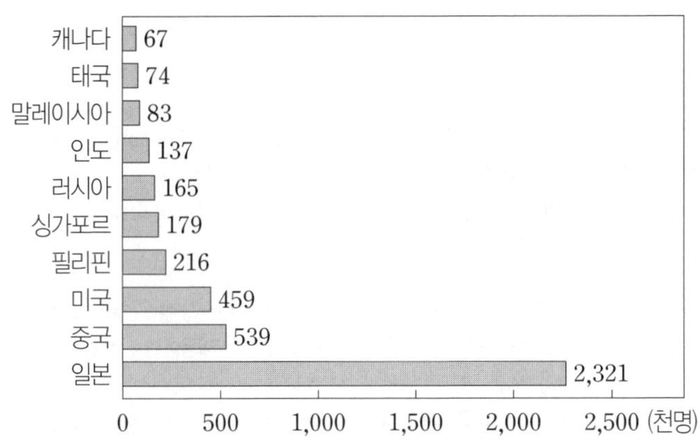

〈그림2〉 2012년 국적별 외국인 방문객 수 (상위 10개국)

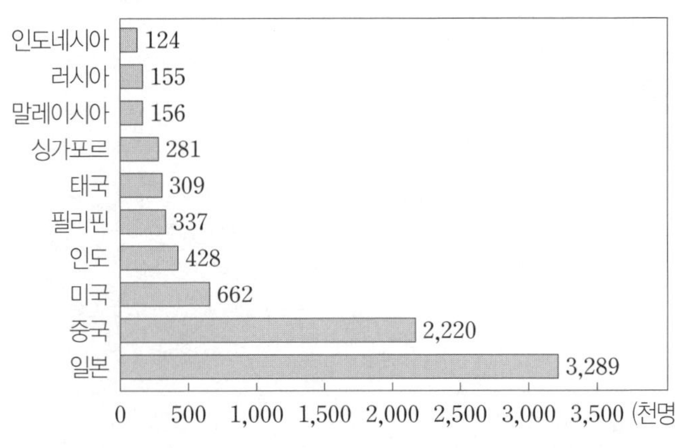

① 미국인, 중국인, 일본인 방문객 수의 합은 2012년이 2002년의 2배 이하이다.
② 2002년 대비 2012년 미국인 방문객 수의 증가율은 말레이시아인 방문객 수의 증가율보다 높다.
③ 전체 외국인 방문객 중 중국인 방문객 비중은 2012년이 2002년의 3배 이하이다.
④ 2002년 외국인 방문객 수 상위 10개국 중 2012년 외국인 방문객 수 상위 10개국에 포함되지 않은 국가는 1개뿐이다.
⑤ 인도네시아인 방문객 수는 2002년에 비해 2012년에 57,000명 이상 증가하였다.

정답해설 2002년 대비 2012년 미국인 방문객 수의 증가율은 '$\frac{(662-459)}{459}\times 100 \fallingdotseq 44.2\%$'이며, 2002년 대비 2012년 말레이시아인 방문객 수의 증가율은 '$\frac{(156-83)}{83}\times 100 \fallingdotseq 88\%$'가 된다. 따라서 2002년 대비 2012년 미국인 방문객 수의 증가율은 말레이시아인 방문객 수의 증가율보다 낮다.

오답해설 ① 2012년의 미국인, 중국인, 일본인 방문객 수의 합은 6,171명이며, 2002년의 합은 3,319명이다. 따라서 2012년의 합은 2002년 합의 1.86배 정도가 된다. 따라서 ①은 옳은 설명이다.

③ 전체 외국인 방문객 중 중국인 방문객 비중은 2002년에 '$\frac{539}{5,347}\times 100 \fallingdotseq 10.1\%$'이고, 2012년에 '$\frac{2,220}{9,794}\times 100 \fallingdotseq 22.7\%$'이다. 따라서 2012년의 중국인 방문객 비중은 2002년 비중의 3배 이하가 된다.

④ 2002년 외국인 방문객 수 상위 10개국 중 2012년 외국인 방문객 수 상위 10개국에 포함되지 않은 국가는 캐나다 1개 국가뿐이다.

⑤ 2002년의 인도네시아인 방문객 수는 상위 10개국에 들지 못했으므로, 10위인 캐나다(67,000명)보다 적다는 것을 알 수 있다. 2012년의 인도네시아인 방문객 수는 124,000명이므로, 2002년에 비해 최소 57,000명이 증가하였다는 것을 알 수 있다. 따라서 ⑤도 옳은 설명이다.

19 버스가 일찍 올 확률은 $\frac{1}{4}$, 제시간에 올 확률은 $\frac{1}{2}$이다. 3대가 연속으로 올 때 첫 번째는 일찍 오고, 두 번째는 제시간에 오고, 세 번째는 늦게 올 확률은? (단, 버스는 반드시 온다고 가정한다.)

① $\frac{1}{32}$
② $\frac{1}{24}$
③ $\frac{1}{16}$
④ $\frac{1}{12}$
⑤ $\frac{1}{10}$

정답해설 버스는 반드시 온다고 했으므로, 제시간에 오거나, 일찍 오거나, 늦게 오는 경우가 있을 수 있다. 여기서 늦게 올 확률은 전체 확률에서 제시간에 올거나 일찍 올 확률을 뺀 확률이므로,

'$1-\left(\frac{1}{4}+\frac{1}{2}\right)=\frac{1}{4}$'이다.

따라서 첫 번째는 일찍 오고, 두 번째는 제시간에 오고, 세 번째는 늦게 올 확률은

'$\frac{1}{4}\times\frac{1}{2}\times\frac{1}{4}=\frac{1}{32}$'이다.

20 다음에 일정한 규칙에 따라 숫자를 나열한 것이다. 빈칸에 가장 알맞은 숫자는?

7 4 6 9 　　 13 9 10 14 　　 18 13 5 (　　)

① 8
② 9
③ 10
④ 12
⑤ 16

정답해설 $7-4+6=9$

$13-9+10=14$

$18-13+5=(\quad)$

따라서 '(　　)$=10$'이 된다.

문제해결능력

[01~02] 다음은 LH공사의 사회임대주택 시범사업 민간사업자 공모에 대한 자료이다. 이를 토대로 물음에 알맞은 답을 고르시오.

[평가분야 및 배점기준]

(단위 : 점)

평가항목	평가요소	평가서류	비고
사업역량 (20)	• 재무건전성(7)	계량부문 자기평가서	계량평가
	• 사업수행 실적(7)		
	• 사회임대주택 전담관리 운영 인력(6)		
임대계획 (60)	• 초기 임대 활성화계획(10) • 임대료의 적정성(10) • 임대공급계획(10) • 임대주택 운영 및 관리계획(10) • 커뮤니티시설을 활용한 일자리 창출계획 및 상가 임대계획(10) • 입주자 참여 및 공동체 활동 지원계획(10)	사업계획서 I	비계량 평가
유지관리계획 (30)	• 유지관리계획(10) • 건축성능보장(10) • 주요하자저감(10)		
건축계획 (40)	• 주택건축계획(20) • 건축특화계획(20)	사업계획서 II	

[사업역량(계량평가)의 평가내용]

(단위 : 점)

평가요소		61% 이상	60~ 41%	40~ 21%	20% 이하
항목	세부항목				
재무건전성 (7)	자기자본 대비 부채비율	1	3	5	7

평가요소		0건	1~2건	3~4건	5건 이상
항목	세부항목				
사업수행실적 (7)	최근 5년간 사회임대주택 공급실적 (신축, 대수선, 매입임대 건수)	1	3	5	7

평가요소	1명	2명	3~4명	5명 이상
사회임대주택 전담관리 운영인력 (6)	1	3	5	6

[감점 세부 항목]

구분	감점 항목	감점	비고
법규 위반	대지경계선에 의한 높이제한	1점/5호	최대감점 4점
	인동간격에 의한 높이제한	1점/5호	
	기타 법규 위반	1점/동, 건	
지침 위반	용적률 및 세대수 위반 (세대수 위반은 3호당)	1점/건	최대감점 4점
	주차대수 등 주차장 설치관련 위반	1점/2대	
사전접촉 제한 위반	평가위원 선정이전 사전설명	5점/명	감점 제한없음
	평가위원 선정이후 사전접촉	5점/명	

01 민간사업자 선정을 위한 평가는 계량평가와 비계량평가를 합하여 총점 150점으로 구성하여 평가하며, 최고점수를 받은 사업자가 선정된다고 한다. 다음 〈보기〉는 민간사업자들의 감점 요인을 설명한 것이다. 이 중 선정될 가능성이 가장 높은 사업자는? (단, 감점 세부 항목에 해당하는 감점은 없다고 가정한다.)

보기

- A : 비계량평가 점수는 만점, 계량평가 중 자기자본 대비 부채비율이 60%이고 최근 5년간 사회임대주택 공급실적이 없음
- B : 계량평가 점수는 만점, 비계량평가 중 주택특화계획의 점수를 받지 못함
- C : 비계량평가 점수는 만점, 계량평가 중 자기자본 대비 부채비율이 70%이고 사회임대주택 전담관리 운영인력이 2명뿐임
- D : 계량평가 점수는 만점, 비계량평가 중 임대료의 적정성과 건축성능보장의 점수를 받지 못함
- E : 비계량평가 점수는 만점, 계량평가 중 자기자본 대비 부채비율이 50%이고 최근 5년간 사회임대주택 공급실적이 1건뿐임

① A　　② B

③ C　　④ D

⑤ E

'평가분야 및 배점기준'과 '사업역량(계량평가)의 평가내용'을 토대로 사업자별 총점을 계산하면 다음과 같다.

- A : 비계량평가 점수는 만점이므로 130점이 된다. 계량평가 중 자기자본 대비 부채비율이 60%이므로 재무건전성 점수는 3점이 되고, 최근 5년간 사회임대주택 공급실적이 없으므로 사업수행실적은 1점이 된다. 사회임대주택 전담관리 운영인력은 6점이므로, 전체 총점은 140점이다.
- B : 계량평가 점수는 만점이므로 20점이 된다. 비계량평가 중 주택특화계획의 점수를 받지 못하는 경우 20점이 감점되므로 비계량평가 점수는 110점이 된다. 따라서 총점은 130점이다.
- C : 비계량평가 점수는 130점이다. 계량평가 중 자기자본 대비 부채비율은 70%이므로 재무건전성은 1점이 되고, 사회임대주택 전담관리 운영인력이 2명뿐이므로 3점이 되며, 사업수행실적은 7점이다. 따라서 총점은 141점이다.
- D : 계량평가 점수는 20점이다. 비계량평가 중 임대료의 적정성과 건축성능보장의 점수를 받지 못하는 경우 각각 10점씩 감점되므로, 비계량평가 점수는 110점이다. 따라서 총점은 130점이 된다.

정답 01 ⑤

- E : 비계량평가 점수는 130점이다. 계량평가 중 자기자본 대비 부채비율이 50%이므로 재무건전성은 3점이 되며, 최근 5년간 사회임대주택 공급실적이 1건뿐이므로 사업수행실적은 3점이 된다. 사회임대주택 전담관리 운영인력은 6점이므로, 전체 총점은 142점이 된다.

따라서 총점 점수가 가장 높은 E가 민간사업자로 선정된다.

02 **사업자 '갑'은 비계량점수의 취득 조건은 완벽하나 계량평가항목에서는 자기자본 대비 부채비율이 30%에 이르고, 최근 5년간 사회임대주택 공급실적이 4건뿐이라고 한다. '갑'의 세부 감점 요인이 다음과 같을 때, 사회임대주택 시범사업 민간사업자 선정시 취득하게 될 최종 점수는?**

〈감점 요인〉
- 대지경계선에 의한 높이제한 주택 20호
- 용적률 위반 3건
- 주차대수 설치관련 위반 10대

① 130점
② 134점
③ 138점
④ 142점
⑤ 146점

정답 해설 '갑'은 계량평가항목 중 자기자본 대비 부채비율이 30%에 이르고, 최근 5년간 사회임대주택 공급실적이 4건뿐이라고 했으므로, 재무건전성이 5점, 사업수행실적이 5점, 사회임대주택 전담관리 운영 인력 6점이 된다. 따라서 계량평가와 비계량평가항목의 총점은 '16+130=146점'이 된다. 그리고 세부적 감점 요인에 따른 점수를 구하면 다음과 같다.

- 대지경계선에 의한 높이제한 주택 20호 : 1×4=4점
- 용적률 위반 3건 : 1×3=3점
- 주차대수 설치관련 위반 10대 : 1×5=5점

따라서 감점의 합은 12점이므로, '갑'이 사회임대주택 시범사업 민간사업자 선정시 취득하게 될 최종 점수는 '146−12=134점'이 된다.

03 다음 〈표〉는 3 · 1독립운동의 시기별 투쟁 형태를 분석한 것이다. 이에 대한 설명 중 옳지 않은 것은?

〈표〉 시기별 3 · 1독립운동의 투쟁발생장소 및 투쟁형태

시기별	투쟁발생장소(곳)	투쟁형태			
		단순투쟁(건)	폭력투쟁(건)		합계(건)
			일제의 비발포	일제의 발포	
3월 초순	113	97	15	15	127
3월 중순	120	103	23	8	134
3월 하순	214	164	57	24	245
4월 초순	280	173	75	51	299
4월 중순	39	27	5	7	39
4월 하순	4	3	1	0	4
계	770	567	176	105	848

① 투쟁이 가장 많이 발생한 시기에는 일제의 발포가 가장 많았다.
② 동일 장소에서 2건 이상 투쟁이 발생한 경우도 있었다.
③ 3월 초순에 비해 4월 초순의 폭력투쟁건은 4배 이상이다.
④ 3월 중순의 폭력투쟁건에서 일제의 발포한 것의 비율은 25% 이하이다.
⑤ 시기별로 볼 때, 해당시기의 투쟁건 합계 대비 단순투쟁건의 비율이 가장 높은 시기는 3월 중순이다.

정답해설 3월 중순의 폭력투쟁건에서 일제의 발포한 것의 비율은 '$\frac{8}{31} \times 100 \fallingdotseq 25.8(\%)$'이므로, 25% 이상이라고 할 수 있다. 따라서 ④는 옳지 않은 설명이다.

오답해설
① 투쟁합계건수가 가장 큰 4월 초순의 경우 일제의 발포도 가장 많았으므로, 옳은 설명이다.
② 투쟁발생장소의 합계가 투쟁발생건수의 합계보다 작으므로, 동일 장소에서 2건 이상의 투쟁이 발생한 경우도 있었다는 것을 알 수 있다.
③ 3월 초순의 폭력투쟁건은 '15+15=30(건)'이며 4월 초순의 폭력투쟁건은 '75+51=126(건)'이므로, 전자는 후자의 4배 이상이 된다.
⑤ 4월 하순의 투쟁건 합계(4건) 대비 단순투쟁건(3건)의 비율은 75%가 된다. 이와 비슷한 비율을 보이는 시기는 3월 초순과 3월 중순이다.

정답 02 ② | 03 ④

3월 초순의 투쟁건 합계 대비 단순투쟁건의 비율은 '$\frac{97}{127} \times 100 ≒ 76.4(\%)$'이고, 3월 중순의 투쟁건 합계 대비 단순투쟁건의 비율은 '$\frac{103}{134} \times 100 ≒ 76.9(\%)$'이므로, 투쟁건 합계 대비 단순투쟁건의 비율이 가장 높은 시기는 3월 중순이다.

04 다음 〈표〉는 1,000명으로 구성된 어느 집단의 투표행위에 대한 예측과 실제 투표결과를 나타낸 것이다. 이에 대한 설명 중 옳은 것을 아래 〈보기〉에서 모두 고른 것은?

〈표〉 투표행위에 대한 예측과 실제 투표결과

(단위 : 명)

구분		실제 투표결과		
		기권	투표	계
예측	기권	150	50	200
	투표	100	700	800
	계	250	750	1,000

※ 기권에 대한 예측적중률은 기권할 것으로 예측된 사람들 중 실제 기권한 사람의 비율이다.

※ 투표에 대한 예측적중률은 투표할 것으로 예측된 사람들 중 실제 투표한 사람의 비율이다.

보기

㉠ 투표에 대한 예측적중률보다 기권에 대한 예측적중률이 더 낮다.

㉡ 실제 기권자 250명 중 기권할 것으로 예측된 사람은 150명이다.

㉢ 예측된 투표율보다 실제 투표율이 더 높다.

㉣ 예측된 대로 행동하지 않은 사람은 200명이다.

① ㉠, ㉡ ② ㉠, ㉢

③ ㉡, ㉢ ④ ㉡, ㉣

⑤ ㉢, ㉣

㉠ 투표에 대한 예측적중률은 투표에 대한 예측적중률은 투표할 것으로 예측된 사람들 중 실제 투표한 사람의 비율을 말하므로, 투표에 대한 예측적중률은 '$\frac{700}{800} \times 100 = 87.5\%$'이다. 기권에 대한 예측적중률은 '$\frac{150}{200} \times 100 = 75\%$'이므로, 투표에 대한 예측적중률보다 기권에 대한 예측적중률이 더 낮다.

㉡ 실제 기권자 250명 중 기권할 것으로 예측된 사람은 아래 표의 짙은 부분인 150명이다.

구분		실제 투표결과		
		기권	투표	계
예측	기권	150	50	200
	투표	100	700	800
	계	250	750	1,000

㉢ 예측된 투표율은 '$\frac{800}{1,000} \times 100 = 80\%$'이고, 실제 투표율은 '$\frac{750}{1,000} \times 100 = 75\%$'이다. 따라서 예측된 투표율보다 실제 투표율이 더 낮다.

㉣ 예측된 대로 행동하지 않은 사람은 기권할 것으로 예측된 사람 중 투표한 사람(50명)과 투표할 것으로 예측된 사람 중 기권한 사람(100명)을 합한 것을 말한다. 아래 표의 짙은 부분과 같이 모두 150명이다.

구분		실제 투표결과		
		기권	투표	계
예측	기권	150	50	200
	투표	100	700	800
	계	250	750	1,000

정답 04 ①

[05~06] 다음 〈표〉는 A국가의 연간 범죄발생 정도를 범죄시계로 작성한 것이다. 이를 토대로 물음에 알맞은 답을 고르시오.

〈표〉 A국가의 범죄시계 : 2000년 및 2010년

범죄유형		2000년	2010년
폭력범죄	살인	33.9분	31.8분
	강간	5.8분	5.6분
	강도	1.5분	1.3분
	상해	34.6초	36.8초
	폭력범죄 전체	22.1초	22.8초
재산범죄	주거침입	15.4초	14.6초
	자동차절도	27.1초	25.0초
	단순절도	4.5초	4.5초
	재산범죄 전체	3.1초	3.0초

※ 범죄시계는 연간 발생한 범죄건수에 대해 그 발생빈도를 시간 간격으로 계산하여, 몇 분 또는 몇 초마다 한 건의 범죄가 발생하는지 나타낸 것임.

05 다음 〈보기〉의 내용 중 옳은 것을 모두 고르면?

보기

㉠ 2000년과 2010년 모두 7가지 범죄유형 가운데 주거침입이 두 번째로 많이 발생하였다.

㉡ 2000년과 2010년 모두 폭력범죄 전체 발생건수는 재산범죄 전체 발생건수의 7배 이상으로 집계되었다.

㉢ 2000년에 비해 2010년 범죄 발생 건수가 뚜렷이 감소한 범죄는 상해뿐이다.

㉣ 2000년에 비해 2010년의 인구 10만 명당 범죄발생건수를 보면 폭력범죄 전체는 감소한 반면 재산범죄 전체는 증가하였다.

① ㉠, ㉡　② ㉠, ㉢

③ ㉡, ㉢　④ ㉡, ㉣

⑤ ㉢, ㉣

㉠ 범죄시계는 연간 발생한 범죄건수에 대해 그 발생빈도를 시간 간격으로 나타낸 것이라 하였으며, 2000년과 2010년 주검침입의 범죄시계가 각각 15.4초, 14.6초로 7가지 범죄유형 가운데 두 번째로 짧다. 따라서 2000년과 2010년 모두 주거침입이 두 번째로 많이 발생하였다고 할 수 있다.

㉢ 범죄 발생 건수가 감소하였다는 것은 범죄시계가 길어졌다는 것을 의미하므로, 2000년에 비해 2010년 범죄 발생 건수가 뚜렷이 감소한 것은 상해 하나뿐이다.

오답 해설

㉡ 2000년의 경우 폭력범죄 전체의 범죄시계는 22.1초이고 재산범죄 전체의 범죄시계는 3.1초이므로, 재산범죄 전체의 발생건수가 폭력범죄 전체의 발생건수보다 7배 이상 많다. 2010년의 경우도 각각 22.8초, 3.0초이므로 재산범죄 전체의 발생건수가 폭력범죄 전체의 발생건수보다 7배 이상 많다. 따라서 ㉡은 반대로 설명되었다.

㉣ 2000년과 2010년의 전체 인구수를 알 수 없기 때문에, 범죄시계에 따라 2000년과 2010년의 인구 10만 명당 범죄발생건수를 비교할 수는 없다.

06 2000년의 1일당 강도 발생건수와 2010년 1일당 자동차절도 발생건수를 모두 바르게 나열한 것은?

	2000년 1일당 강도 발생건수	2010년 1일당 자동차절도 발생건수
①	960	3,188
②	1,108	3,456
③	960	3,456
④	1,108	3,188
⑤	960	3,527

하루는 1,440분이며, 86,400초이므로 이를 토대로 각각의 범죄 발생건수를 구하면 다음과 같다.

• 2000년의 1일당 강도 발생건수$=\frac{1,440}{1.5}=960$건

• 2010년 1일당 자동차절도 발생건수$=\frac{86,400}{25}=3,456$건

따라서 모두 바르게 나열한 것은 ③이다.

07 올해 ○○○○공사에서는 100억 원의 예산규모 내에서 추진하고자 하는 사업 A에 대해서 다음과 같은 조건의 5개의 투자안과 선택기준이 있다. 여기서 투자안이란 투자 가능성이 있는 단위사업 또는 투자계획을 말하며, 하나의 투자대안은 여러 가지 투자안의 집합으로 구성되거나, 아무 투자안도 선택하지 않는 행위를 의미한다고 한다. 다음 설명 중 옳은 것은?

〈투자안의 비용 및 편익〉

투자안	P1	P2	P3	P4	P5
투자액	42억 원	45억 원	12억 원	53억 원	13억 원
기대편익	39억 원	42억 원	14억 원	52억 원	12억 원

〈선택기준〉

- 투자대안에서 각 투자안은 한 번씩만 선택될 수 있다.
- P1과 P2는 상호 배타적인 투자안이다. 즉, P1과 P2를 동시에 선택할 수 없다.
- P3, P1에 의존적인 투자안이다. 즉 P3채택을 위해서는 P1도 채택되어야 한다.
- 대안의 효과는 '총기대편익－총투자액'이다.

① P1, P2, P3를 선택하여 투자대안을 구성하였다.
② P2, P4, P5를 선택하여 투자대안을 구성하였다.
③ P3, P4, P5를 선택하여 투자대안을 구성하였다.
④ 손해가 없는 투자대안을 구성하기 위하여 P1, P3, P5를 선택하였다.
⑤ 어떤 투자안도 선택하지 않는 것이 최선의 투자대안이다.

정답해설 P3을 제외하고는 모두 대안의 효과가 부(－)의 값을 가진다. 또한, P3을 선택하는 경우는 P1도 선택해야 하는데, P3과 P1을 선택하는 경우도 대안의 효과가 부의 값(－1억 원)을 가지게 된다. 따라서 어떤 투자안도 선택하지 않는 것이 최선의 투자대안이라 할 수 있다.

오답해설 ① 두 번째 선택기준에서 P1, P2는 상호 배타적인 투자안이므로 동시에 선택될 수 없다고 하였으므로, 투자대안으로 성립될 수 없다.

② P2, P4, P5를 선택하는 경우 총 투자액이 111억 원이므로 예산규모 100억 원을 초과하게 되므로, 투자대안으로 성립될 수 없다.

③ 세 번째 선택기준에서 P3의 채택을 위해서는 P1도 채택되어야 한다고 했으므로, 투자대안으로 성립할 수 없다.

④ P1, P3, P5를 선택하여 투자대안을 구성하는 경우 대안의 효과는 '65－67＝－2'이므로 이 경우도 손해를 보게 된다.

08 주택재건축 관련 법률개정안의 입법취지가 다음과 같다고 할 때 이를 지지하는 근거로 가장 거리가 먼 것은?

1. 주택재건축사업이 대형 분양주택 공급 위주로 시행됨에 따라 재건축사업구역 내에 거주하던 무주택 세입자의 주거불안이 가중되고, 주택가격이 급등하는 등 문제점이 발생하고 있어 이를 해소하려는 것임
2. 수도권 과밀 억제 권역 안에서 시행하는 주택재건축사업은 해당 주택재건축사업으로 증가된 용적률 중 100분의 25이하에서 임대주택을 공급하도록 의무화함
3. 주택재건축사업의 공공성이 강화될 뿐만 아니라 임대주택의 공급이 확대되어 무주택세입자 및 도시저소득 주민의 주거안정에 기여할 수 있을 것으로 기대됨

① 재건축지역 내 소형주택 소유주의 사유재산권이 형평성 차원에서 보장되어야 한다.

② 주택가격 급등은 국가 경제의 건전한 투자 흐름을 방해하므로 적정한 정부의 개입이 필요하다.

③ 일부 재건축 단지의 주택가격 상승은 전체 주택가격의 상승과 주택시장의 왜곡을 유발할 수 있다.

④ 일부 투기세력이 참여한 사업에 의해 형성된 개발이익은 공공성의 차원에서 다수에게 그 혜택이 돌아가게 해야 한다.

⑤ 소득 불균형과 주택가격 양극화와 같은 현상은 궁극적으로 사회불안요소를 극대화시켜 국가 경제에 부정적인 영향을 가져온다.

정답 07 ⑤ | 08 ①

정답 해설 법률개정안의 입법취지를 요약하면, 대형 주택 공급 위주의 주택재건축 사업으로 무주택 세입자의 주거불안이 가중되고 주택가격이 급증하고 있으므로, 주택재건축사업시 일정 비율의 임대주택 공급을 의무화함으로써 재건축사업의 공공성을 강화하고 무주택세입자 및 저소득 주민의 주거안정에 기여한다는 것이다. 따라서 재건축지역 내 소형주택 소유주의 사유재산권이 보장되어야 한다는 것은 입법취지와 직접적인 관련이 없는 내용이므로, 입법취지를 지지하는 근거로 볼 수도 없다.

오답 해설

② 주택재건축 사업으로 주택가격이 급증하고 있으므로 이를 해결하기 위해 정부의 개입(임대주택 공급의 의무화)이 필요하다는 입장은 입법취지에 반영된 내용이다. 따라서 이를 지지하는 근거로 적절하다.

③ 일부 재건축 단지의 주택가격 상승이 전체 주택 가격의 상승을 유발할 수 있다는 것은 주택 가격 급등의 문제를 해결하려는 위의 입법취지를 지지하는 근거가 된다.

④ 투기세력에 의해 형성된 개발이익이 다수에게 돌아가도록 하는 것은 재건축사업의 공공성 강화와 임대 주택 공급을 지지하는 근거가 된다.

⑤ 소득 불균형과 주택가격 양극화 같은 현상이 국가 경제에 부정적인 영향을 가져올 것이라는 내용은 주거불안 및 주택가격 급등을 해소하고 주거 안정을 꾀하는 위 입법취지를 지지하는 근거가 된다.

09 다음 〈진술〉이 모두 참이라고 할 때, 꼬리가 없는 포유동물 A에 관한 설명 중 반드시 참인 것은?

〈진술〉

㉠ 모든 포유동물은 물과 육지 중 한 곳에서만 산다.

㉡ 물에 살면서 육식을 하지 않는 포유동물은 다리가 없다.

㉢ 육지에 살면서 육식을 하는 포유동물은 모두 다리가 있다.

㉣ 육지에 살면서 육식을 하지 않는 포유동물은 모두 털이 없다.

㉤ 육식동물은 모두 꼬리가 있다.

① A는 털이 있다.

② A는 다리가 없다.

③ 만약 A가 물에 산다면, A는 다리가 있다.

④ 만약 A가 털이 있다면, A는 다리가 없다.

⑤ 만약 A가 육지에 산다면, A는 다리가 있다.

정답 해설 포유동물 A는 꼬리가 없다고 하였으므로, ㉤에 따라 포유동물 A는 육식동물이 아니라는 것을 알 수 있다. ㉣에서 "육지에 살면서 육식을 하지 않는 포유동물은 모두 털이 없다"라고 하였으므로, 만약 A가 털이 있다면 A는 물에 산다는 것을 알 수 있으며, A가 물에 산다면 ㉡에 의해 다리가 없다는 것을 알 수 있다. 따라서 ④는 반드시 참이 된다.

오답 해설 ① 털에 관한 진술이 포함된 것은 ㉣이다. 여기서 "육지에 살면서 육식을 하지 않는 포유동물은 모두 털이 없다"라고 하였는데, A가 물에 사는 포유동물이라면 털이 있을 수 있으므로, ①이 반드시 참은 아니다.

② · ⑤ A는 육식을 하지 않는 동물이다. 다리에 대한 진술은 ㉡과 ㉢에 있는데, A가 물에 살지 않는다면(육지에 산다면) 다리가 있을지 없을지 알 수 없다. 따라서 ② · ⑤도 반드시 참이라고 할 수는 없다.

③ ㉡의 진술(물에 살면서 육식을 하지 않는 포유동물은 다리가 없다)에 배치되는 내용이므로, 참이 아니다.

10 다음 〈보기〉의 조건은 모두 참이며, 따라서 '갑'은 이 조건을 모두 따라야 한다. 여기서 E에 가입하는 것이 의무화될 때, '갑'의 선택 내용 중 옳은 것은?

보기

㉠ A에 가입하면 B에 가입한다.

㉡ C와 D 중 하나만 가입한다.

㉢ E에 가입하면 B에는 가입하지 않는다.

㉣ D에 가입하면 F에 가입하지 않는다.

㉤ A, F, G 중 최소한 두 가지는 반드시 가입한다.

① 갑은 B에 가입한다.

② 갑은 A에 가입한다.

③ 갑은 C에 가입한다.

④ 갑은 G에 가입하지 않는다.

⑤ 갑은 F에 가입하지 않는다.

정답 09 ④ | 10 ③

정답 해설 갑은 E에 가입해야 하므로 ⓒ에 따라 B에는 가입하지 않는다. ㉠의 대우인 "B에 가입하지 않으면 A에 가입하지 않는다"도 참이 되므로, A에도 가입하지 않는다. A에 가입하지 않으므로, ⓜ에 따라 F에는 가입해야 한다. ㉣의 대우 "F에 가입하면 D에는 가입하지 않는다"도 참이 되므로, 갑은 D에 가입하지 않게 된다. 따라서 ㉡에 따라 갑은 C에 가입해야 한다. 따라서 ③이 옳다.

오답 해설 ① 갑은 E에 반드시 가입해야 하므로, ⓒ에 따라 B에는 가입하지 않는다.

② ㉠의 대우인 "B에 가입하지 않으면 A에 가입하지 않는다"도 참이 된다. ①에서 본 것처럼 갑은 B에는 가입하지 않으므로, 갑은 A에도 가입하지 않게 된다.

④ · ⑤ 갑은 A에 가입하지 않으므로, ⓜ에 따라 F, G에는 반드시 가입해야 한다.

[11~12] 다음 〈그림〉은 2012~2013년 16개 기업(A~P)의 평균연봉 순위와 평균연봉비에 관한 자료이다. 이를 토대로 물음에 알맞은 답을 고르시오.

〈그림〉 16개 기업 평균연봉 순위와 평균연봉비

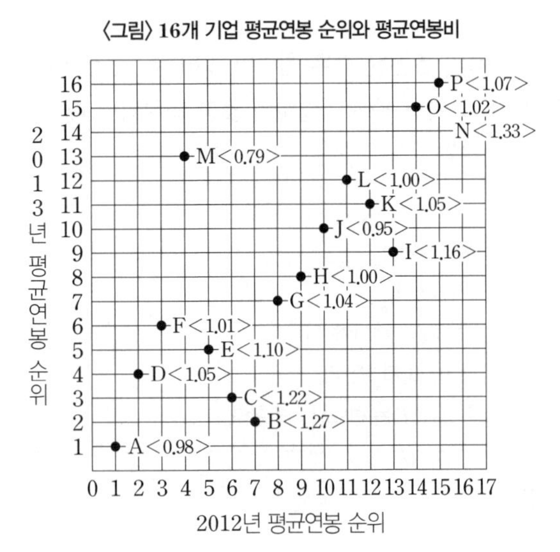

※ 1) 〈 〉 안의 수치는 해당기업의 평균연봉비를 나타냄.

$$평균연봉비 = \frac{2013년\ 평균연봉}{2012년\ 평균연봉}$$

2) 점의 좌표는 해당기업의 2012년과 2013년 평균연봉 순위를 의미함.

11 다음 〈보기〉의 설명 중 옳은 것을 모두 고르면?

보기

㉠ 2012년에 비해 2013년 평균연봉 순위가 상승한 기업은 6개이다.

㉡ 2012년 대비 2013년 평균연봉 순위 하락폭이 가장 큰 기업은 평균연봉 감소율도 가장 크다.

㉢ 2012년에 비해 2013년 평균연봉이 감소한 기업은 모두 평균연봉 순위에는 변함이 없다.

㉣ 2012년 평균연봉 순위 10위 이내 기업은 모두 2013년에도 10위 이내에 있다.

① ㉠ ② ㉡

③ ㉠, ㉡ ④ ㉡, ㉢

⑤ ㉢, ㉣

㉡ 2012년 대비 2013년 평균연봉 순위 하락폭이 가장 큰 기업은, 2012년도 4위에서 2013년도 13위로 하락한 M기업이다. 2012년 대비 2013년 평균연봉 비율은 제시된 '평균연봉비'를 의미하므로, 제시된 기업들 중 평균연봉 감소율이 가장 큰 기업은 평균연봉비가 가장 작은 M기업이 된다. 따라서 ㉡은 옳은 설명이다.

오답
해설

㉠ 2012년에 비해 2013년 평균연봉 순위가 상승한 기업은 우상향의 대각선 아래쪽에 있는 기업이다. 이 기업에는 B, C, G, H, I, K, N의 7개가 있다. 따라서 ㉠은 옳지 않다.

㉢ 2012년에 비해 2013년 평균연봉이 감소한 기업은 A, J, M이다. 이 기업들 중 A와 J는 평균연봉 순위에 변함이 없으나, M기업은 평균연봉 순위가 하락하였다.

㉣ 2012년 평균연봉 순위 10위 이내 기업 중 M기업은 2013년에 10위 밖에 있다(13위).

12 다음 중 2012년 대비 2013년 평균연봉 순위 상승폭이 가장 큰 기업과 평균연봉 증가율이 가장 큰 기업을 순서대로 바르게 나열한 것은?

① I기업, M기업 ② C기업, M기업

③ B기업, N기업 ④ I기업, N기업

⑤ B기업, C기업

정답 11 ② | 12 ③

정답 해설 2012년 대비 2013년 평균연봉 순위 상승폭이 가장 큰 기업은, 2012년 7위에서 2013년 2위로 상승한 B기업이다. 2012년 대비 2013년 평균연봉 증가율이 가장 큰 기업은 평균연봉비가 가장 큰 N기업이다.

13 다음 숫자 배열 (가)~(다)의 공통적인 특성을 〈보기〉에서 모두 고르면?

(가) 2, 5, 6, 3, 7, 4, 9

(나) 3, 4, 5, 2, 7, 9, 8

(다) 4, 5, 8, 3, 6, 7, 1

보기

㉠ 홀수 다음에 홀수가 연이어 오지 않는다.

㉡ 짝수 다음에 짝수가 연이어 오지 않는다.

㉢ 동일한 숫자는 반복하여 사용되지 않는다.

㉣ 어떤 숫자 바로 다음에는 그 숫자의 배수가 오지 않는다.

① ㉠, ㉡

② ㉠, ㉢

③ ㉠, ㉣

④ ㉡, ㉢

⑤ ㉢, ㉣

정답 해설 ㉡ (가)~(다) 모두 짝수 다음에는 짝수가 연이어 나오지 않았다.

㉢ (가)~(다) 모두 동일한 숫자가 반복해 사용되지 않았다.

오답 해설 ㉠ (가)의 '3, 7', (다)의 '7, 1'에서 홀수 다음에 홀수가 연이어 나왔다.

㉣ (다)의 '3, 6'에서 어떤 숫자 바로 다음에 그 숫자의 배수가 나왔다.

14 다음 글을 근거로 판단할 때, 스프링클러설비를 설치해야 하는 곳은?

스프링클러설비를 설치해야 하는 곳은 다음과 같다.

1. 종교시설(사찰 · 제실 · 사당은 제외한다), 운동시설(물놀이형 시설은 제외한다)로서 수용인원이 100명 이상인 경우에는 모든 층
2. 판매시설, 운수시설 및 창고시설 중 물류터미널로서 다음의 어느 하나에 해당하는 경우에는 모든 층
   - ○ 층수가 3층 이하인 건축물로서 바닥면적 합계가 6,000m^2 이상인 것
   - ○ 층수가 4층 이상인 건축물로서 바닥면적 합계가 5,000m^2 이상인 것
3. 다음의 어느 하나에 해당하는 경우에는 모든 층
   - ○ 의료시설 중 정신의료기관, 노인 및 어린이 시설로서 해당 용도로 사용되는 바닥면적의 합계가 600m^2 이상인 것
   - ○ 숙박이 가능한 수련시설로서 해당 용도로 사용되는 바닥면적의 합계가 600m^2 이상인 것
4. 기숙사(교육연구시설 · 수련시설 내에 있는 학생 수용을 위한 것을 말한다) 또는 복합건축물로서 연면적 5,000m^2 이상인 경우에는 모든 층
5. 교정 및 군사시설 중 다음의 어느 하나에 해당하는 경우에는 해당 장소
   - ○ 보호감호소, 교도소, 구치소, 보호관찰소, 갱생보호시설, 치료감호시설, 소년원의 수용거실
   - ○ 경찰서 유치장

① 수용인원이 200인인 물놀이 시설

② 2층 건축물이며 연면적이 6,000m^{2}인 물류터미널의 모든 층

③ 연면적이 5,000m^{2}인 5층 기숙사의 모든 층

④ 바닥면적 합계가 500m^{2}인 노인 시설

⑤ 경찰서 유치장 접견실과 민원실

정답 해설 기숙사 건축물의 경우 연면적 5,000m^2 이상인 경우에는 모든 층에 스프링클러설비를 설치해야 한다.

① 운동시설 중 물놀이형 시설은 스프링클러설치 대상에서 제외한다고 하였다.

② 층수가 3층 이하인 물류터미널 건축물의 경우 바닥면적 합계가 6,000m^2 이상이어야 스프링클러 설비를 설치한다. 연면적이 6,000m^2인 2층 건물은 바닥면적이 6,000m^2가 될 수 없으므로, 설치해야 하는 장소가 아니다.

④ 노인 및 어린이 시설의 경우 해당 용도로 사용되는 바닥면적의 합계가 600m^2 이상인 곳에 스프링클러설비를 설치해야 한다고 하였으므로, 설치해야 하는 장소로 적절하지 않다.

⑤ 경찰서 유치장은 설치해야 하는 장소에 해당하지만, 민원실은 해당되지 않는다.

[15~16] 다음은 신규사업 시행에 대한 정부의 평가에 대한 내용이다. 이를 토대로 물음에 알맞은 답을 고르시오,

○ A 평가

평가의 대상은 총사업비가 500억 원 이상인 사업 중 중앙정부의 재정지원(국비) 규모가 300억 원 이상인 신규사업으로 건설공사가 포함된 사업, 정보화 · 국가연구개발 사업, 사회복지 · 보건 · 교육 · 노동 · 문화 · 관광 · 환경보호 · 농림 · 해양수산 · 산업 · 중소기업 분야의 사업이다.

단, 법령에 따라 설치하거나 추진하여야 하는 사업, 공공청사 신 · 증축사업, 도로 · 상수도 등 기존 시설의 단순개량 및 유지보수사업, 재해예방 및 복구지원 등으로 시급한 추진이 필요한 사업은 평가 대상에서 제외된다.

※ 법령 : 국회에서 제정한 법률과 행정부에서 제정한 명령(대통령령 · 총리령 · 부령)을 의미한다.

○ B 평가

신규사업의 시행이 환경에 미치는 영향을 미리 조사 · 예측 · 평가하는 것이다. 평가 대상은 도시개발사업, 도로건설사업, 철도건설사업(도시철도 포함), 공항건설사업이다.

○ C 평가

대량의 교통수요를 유발할 우려가 있는 신규사업을 시행할 경우, 미리 주변지역의 교통체계에 미치는 제반 영향을 분석 · 평가하여 이에 따른 대책을 강구하는 평가이다. 평가의 대상은 다음과 같다.

종류	기준
도시개발사업	부지면적 10만m^2 이상
철도건설사업	정거장 1개소 이상, 총길이 5km 이상

15 **다음의 사업 중 정부의 평가 대상이 되지 않는 사업은?**

① 총사업비 800억 원 중 정부로부터 절반을 재정지원 받는 사회복지 사업
② 환경에 영향을 미칠 수 있는 공항건설사업
③ 부지면적이 16만m^2인 신도시 개발사업
④ 2개 정거장 건설을 포함한 11km의 철도연장 사업
⑤ 재해예방 및 복구지원을 위해 시급히 추진하는 건설사업

정답해설 재해예방 및 복구지원 등으로 시급한 추진이 필요한 사업은 평가 대상에서 제외된다고 하였으므로, ⑤의 경우 정부의 평가 대상이 되지 않는다.

오답해설 ① 제시된 A 평가는 총사업비가 500억 원 이상인 사업 중 중앙정부의 재정지원(국비) 규모가 300억 원 이상인 신규사업이 평가 대상이며, 여기에는 사회복지 · 보건 등의 분야가 포함된다고 하였다.
② 제시된 B 평가는 신규사업의 시행이 환경에 미치는 영향을 미리 조사 · 예측 · 평가하는 것이며, 여기에는 공항건설사업도 포함된다고 하였다.
③ · ④ 제시된 C 평가는 대량의 교통수요를 유발할 우려가 있는 신규 사업으로서, 부지면적인 10만m^2 이상인 도시개발사업과 정거장 1개소 이상이며 총길이 5km 이상인 철도건설사업이 평가 대상이 된다고 하였다.

16 다음의 〈사례〉의 '갑(甲)과 을(乙)' 사업이 각각 받아야 할 정부 평가의 수를 모두 바르게 나열한 것은?

〈사례〉

갑 사업 : ○○광역시가 추진하는 사업으로 부지면적 11만m^2에 보금자리주택을 건설하는 도시개발사업이며, 총사업비 2,000억 원 중 국비로 20%, 시비로 40%를 조달하고 나머지는 공채발행으로 조달하였다.

을 사업 : 「△△광역시 철도건설특별법률」에 따라 △△광역시에 정거장 5개소, 총길이 15km의 철도를 건설하는 신규사업으로, 총사업비 3,800억 원을 전액 국비로 지원받았다.

	갑 사업	을 사업
①	3	3
②	3	2
③	3	1
④	2	3
⑤	2	2

각 사업별 평가 대상 여부를 판단하면 다음과 같다.

- **갑 사업** : 총사업비 2,000억 원 중 국비로 20%(400억 원)을 조달하므로, A 평가의 대상이 된다. 그리고 신규 주택건설 사업의 시행이 환경에 미치는 영향을 미칠 수 있는 도시개발사업이므로 B 평가의 대상이 된다. 또한 대량의 교통수요를 유발할 우려가 있는 사업으로서, 부지면적 10만m^2 이상의 도시개발사업이므로 C 평가의 대상도 된다.
- **을 사업** : 법령에 따라 추진하여야 하는 사업은 A 평가의 대상에서 제외된다고 했으므로, 을 사업은 A 평가의 대상은 아니다. 그러나 사업의 시행이 환경에 영향을 미칠 수 있고 대량의 교통수요를 유발할 우려가 있는 철도건설사업으로서, 정거장 1개소 이상이며 총길이도 5km 이상이므로, B 평가와 C 평가의 대상이 된다.

따라서 받아야 할 정부 평가의 수는 각각 3개, 2개이다.

17 '갑'이 집에서 회사로 가는 길에는 A, B, C, D 4개의 약국이 있다. 다음 조건을 고려할 때, 집에서 가까운 약국을 순서대로 알맞게 나열한 것은? (집과 회사는 일직선이며, 약국은 각각 떨어져 있다.)

> ㉠ A는 C보다 회사에서 가깝고, B보다는 회사에서 멀다.
> ㉡ D는 C보다 회사에서 가깝고 B보다 멀다.
> ㉢ A는 회사에서 두 번째로 가깝다.

① C – A – B – D
② D – B – A – C
③ D – C – A – B
④ C – A – D – B
⑤ C – D – A – B

㉠의 조건에서 A는 C보다 회사에서 가깝고 B보다는 멀다고 했으므로, 집에서 가까운 약국을 순서대로 나열하면 '집 – C – A – B – 회사'가 된다.
㉡의 조건은 D는 C보다 집에서 멀고 B보다 집에서 가깝다는 것이므로, '집 – C – D – A – B – 회사' 또는 '집 – C – A – D – B – 회사'의 순서가 된다. 그런데, ㉢에서 A는 회사에서 두 번째로 가깝다(집에서 세 번째로 멀다)고 했으므로, 집에서 가까운 순서대로 나열하면 '집 – C – D – A – B – 회사'가 된다.

18 다음 〈표〉는 쥐 A~E의 에탄올 주입량별 렘(REM)수면시간을 측정한 결과이다. 이에 대한 〈보기〉의 설명 중 옳은 것만을 모두 고르면?

〈표〉 에탄올 주입량별 쥐의 렘수면시간

(단위 : 분)

에탄올 주입량(g) \ 쥐	A	B	C	D	E
0.0	88	73	91	68	75
1.0	64	54	70	50	72
2.0	45	60	40	56	39
4.0	31	40	46	24	24

보기

㉠ 에탄올 주입량이 1.0g일 때와 에탄올 주입량이 2.0g일 때의 렘수면시간 차이가 가장 큰 쥐는 E이다.

㉡ 에탄올 주입량이 0.0g일 때 쥐 A~E 렘수면시간 평균은 에탄올 주입량이 4.0g일 때 쥐 A~E 렘수면시간 평균의 2배 이상이다.

㉢ 에탄올 주입량이 2.0g일 때 쥐 B와 쥐 E의 렘수면시간 차이는 20분 이하이다.

㉣ 쥐 B를 제외하고는 모두 에탄올 주입량이 많을수록 렘수면시간이 감소한다.

① ㉠, ㉡　　② ㉠, ㉢
③ ㉠, ㉣　　④ ㉡, ㉢
⑤ ㉢, ㉣

㉠ 에탄올 주입량이 1.0 g일 때와 에탄올 주입량이 2.0g일 때의 렘수면시간 차이는 쥐 E가 33분으로 가장 크다.

㉡ 에탄올 주입량이 0.0g일 때 쥐 A~E 렘수면시간 평균은 '$\frac{395}{5}$=79분'이며, 에탄올 주입량이 4.0g일 때 쥐 A~E 렘수면시간 평균은 '$\frac{165}{5}$=33분'이 된다. 따라서 전자는 후자의 2배 이상이 된다.

ⓒ 에탄올 주입량이 2.0g일 때 쥐 B의 렘수면시간은 60분이며, 쥐 E의 렘수면시간은 39분이므로, 양자의 차이는 20분 이상이 된다.

ⓔ 쥐 D의 경우도 에탄올 주입량이 1.0g일 때보다 2.0g일 때 렘수면시간이 증가하였다. 따라서 ⓔ도 옳지 않다.

19 다음은 5개 국가가 어떤 국제기구에 납부한 최근 4년간의 자발적 분담금 현황을 나타낸 것이다. 〈보기〉의 설명에 비추어 볼 때, 다음 〈표〉의 A, B, C, D, E에 해당하는 국가를 바르게 나열한 것은?

〈표1〉 국가별 자발적 분담금 총액

(단위 : 백만 달러)

국명	국가별 자발적 분담금			
	2009년	2010년	2011년	2012년
A	500	512	566	664
B	422	507	527	617
C	314	401	491	566
D	379	388	381	425
E	370	374	392	412

〈표2〉 각국의 1인당 자발적 분담금

(단위 : 달러)

국명	1인당 자발적 분담금			
	2009년	2010년	2011년	2012년
A	119	143	158	196
B	46	55	56	78
C	251	277	282	290
D	137	150	189	205
E	35	41	43	47

정답 18 ① | 19 ②

보기

㉠ 스웨덴과 이탈리아는 국가별 자발적 분담금 총액의 증가액이 다른 국가들에 비해 낮다.

㉡ 노르웨이와 영국은 2009년 대비 2010년 국가별 자발적 분담금 총액의 증가율이 다른 국가들에 비해 높다.

㉢ 노르웨이와 스웨덴에 살고 있는 1인당 자발적 분담금은 다른 국가들에 비해 크다.

	A	B	C	D	E
①	스페인	노르웨이	영국	이탈리아	스웨덴
②	스페인	영국	노르웨이	스웨덴	이탈리아
③	영국	이탈리아	노르웨이	스웨덴	스페인
④	스페인	노르웨이	영국	스웨덴	이탈리아
⑤	영국	스페인	노르웨이	스웨덴	이탈리아

㉠에서 스웨덴과 이탈리아의 국가별 자발적 분담금 총액 증가액이 다른 국가들에 비해 낮다고 했으므로, 〈표1〉에 따라 스웨덴과 이탈리아는 D 또는 E국 중의 하나가 된다.

㉡에서 노르웨이와 영국은 2009년 대비 2010년 국가별 자발적 분담금 총액 증가율이 다른 국가들에 비해 높다고 했으므로, 노르웨이와 영국은 B 또는 C국 중의 하나가 된다.

㉢에서 노르웨이와 스웨덴의 1인당 자발적 분담금은 다른 국가들에 비해 크다고 했으므로, 노르웨이와 스웨덴은 C 또는 D국 중의 하나가 된다.

위의 결과를 종합하면, C국은 노르웨이, D국은 스웨덴, B국은 영국, E국은 이탈리아가 되며, 나머지 A국은 스페인이 되므로, ②가 적절하다.

20 다음 〈근대 문물의 수용 연대〉를 근거로 판단할 때, 〈A 사건〉이 발생한 해에 볼 수 있었던 광경을 옳게 추론한 것은?

〈근대 문물의 수용 연대〉

신문	한성순보(1883년 개간/1884년 폐간)
교통	철도 : 경인선(1899년), 경부선(1905년) 전차 : 서대문~청량리(1898년)
의료	광혜원(1885년), 세브란스 병원(1904년)
건축	독립문(1897년), 명동성당(1898년)
전기통신	전신(1885년), 전등(1887년 경복궁 내), 전화(1896년)

〈A 사건〉

경복궁 내에 여러 가지 기계가 설치되었다. 궁내의 큰 마루와 뜰에 등롱(燈籠) 같은 것이 설치되어 서양인이 기계를 움직이자 연못의 물이 빨아 올려져 끓는 소리와 우렛소리와 같은 시끄러운 소리가 났다. 그리고 얼마 있지 않아 가지 모양의 유리에 휘황한 불빛이 대낮 같이 점화되어 모두가 놀라움을 금치 못했다. 궁궐에 있는 궁인들이 이 최초의 놀라운 광경을 구경하기 위해 내전 안으로 몰려들었다.

① 서대문에서 전차를 타는 여성
② 광혜원에서 전화를 거는 환자
③ 한성순보에 보도된 〈A 사건〉을 읽고 있는 교사
④ 전신을 이용하여 부모님께 소식을 전하는 학생
⑤ 독립문에서 개최된 집회에 참석하는 관리

정답 해설 〈A 사건〉은 경복궁 내에 처음으로 전등이 점화되는 모습을 묘사한 것이다. 전등은 1887년에 처음으로 설치되었으므로, 1885년 개통된 전신을 통해 부모님께 소식을 전하는 것은 1887년 당시에 충분히 볼 수 있던 광경이다.

오답 해설 ① 서대문에서 청량리까지의 전차는 1898년에 운행되었으므로, 전등 설치 이후의 일이다.
② 광혜원은 1885년에 개원하였으나 전화는 1896년에 들어왔으므로, 전등 설치 이후의 일이다.
③ 한성순보는 1883년 개간하였다가 1884년에 폐간되었다.
⑤ 독립문은 건립은 1897년이므로, 전등 설치 10년 후에 건립되었다.

정보능력 / 직업윤리

01 정보는 일정한 절차에 따라 활용하는 것이 효과적인데, 다음에 제시된 내용이 이용되는 절차로 가장 알맞은 것은?

- WHAT(무엇을) : 정보의 입수대상을 명확히 한다.
- WHERE(어디에서) : 정보의 소스(정보원)를 파악한다.
- WHEN(언제까지) : 정보의 요구(수집) 시점을 고려한다.
- WHY(왜) : 정보의 필요목적을 염두에 둔다.
- WHO(누가) : 정보활동의 주체를 확정한다.
- HOW(어떻게) : 정보의 수집방법을 검토한다.
- HOW MUCH(얼마나) : 정보수집의 효용성을 중시한다.

① 정보의 기획
② 정보의 수집
③ 정보의 관리
④ 정보의 활용
⑤ 정보의 통제

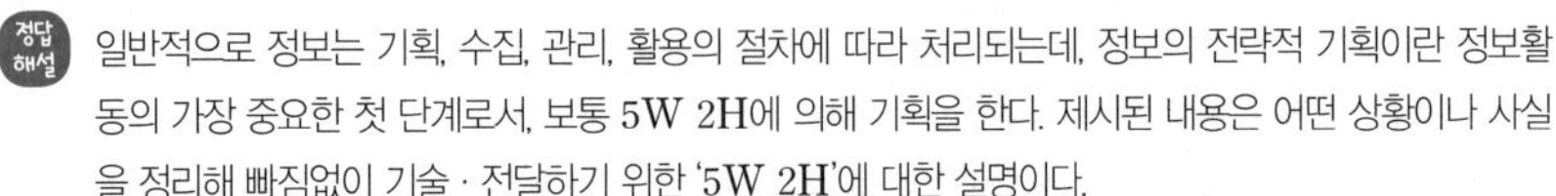
정답 해설 일반적으로 정보는 기획, 수집, 관리, 활용의 절차에 따라 처리되는데, 정보의 전략적 기획이란 정보활동의 가장 중요한 첫 단계로서, 보통 5W 2H에 의해 기획을 한다. 제시된 내용은 어떤 상황이나 사실을 정리해 빠짐없이 기술 · 전달하기 위한 '5W 2H'에 대한 설명이다.

오답 해설 ② 정보의 수집은 다양한 정보원으로부터 목적에 적합한 정보를 입수하는 것이라 할 수 있다. 정보 수집의 목적은 결국 '예측'을 잘 하기 위해서이다. 과거의 정보를 모아 연구하는 것도 결국 장래가 어떻게 될까를 예측하기 위해서라 할 수 있다. 쉽게 번 돈은 쉽게 없어지듯이 정보도 편하게 얻은 것은 몸에 배지 않으며, 꾸준히 모은 정보만이 자기 것이 된다. 정보수집에 지름길은 없으며, 스스로 땀을 흘려 정보를 접하는 기회를 많이 가지는 것만이 정보를 모으기 위한 유일한 길이다.

③ 정보의 관리는 수집된 다양한 형태의 정보를 어떤 문제해결이나 결론도출에 사용하기 쉬운 형태로 바꾸는 일을 말한다. 여러 채널과 갖은 노력 끝에 입수한 정보가 우리에게 필요한 시점에 즉시 활용되기 위해서는 모든 정보가 차곡차곡 정리되어 있어야 한다.

④ 산업사회에서의 문자이해력과 마찬가지로, 지식정보사회에서 문맹을 결정하는 기준은 정보 활용 능력에 해당한다. 정보 활용 능력은 정보기기에 대한 이해나 최신 정보기술이 제공하는 주요 기능이나 특성에 대해 아는 것만 포함되는 것이 아니라, 정보가 필요하다는 문제 상황을 인지할 수 있는

능력, 문제 해결에 적합한 정보를 찾고 선택할 수 있는 능력, 찾은 정보를 문제 해결에 적용할 수 있는 능력, 그리고 윤리의식을 가지고 합법적으로 정보를 활용할 수 있는 능력 등 다양한 능력이 수반되어야 한다.

02 **○○공사의 사원 갑은 엑셀로 관련 업무를 진행하던 중 아래 그림의 경우처럼 하나의 셀 안에서 두 줄 이상의 데이터를 입력해야 하는 경우가 발생하였다. 이때 갑이 눌러야 하는 키로 가장 알맞은 것은?**

	A	B	C
1	한국	고리원자력발전소	
2	일본	후쿠시마 원자력발전소	

① Alt+Enter
② Shift+Alt+N
③ Ctrl+Shift+Enter
④ Ctrl+V
⑤ Shift+Enter

정답 해설 하나의 셀 안에서 두 줄 이상의 데이터를 입력할 때 줄바꾸기를 실행하는 단축키는 'Alt+Enter'이다.

03 다음 중 윈도우(Windows)7에 관한 설명으로 옳지 않은 것은?

① 삭제된 파일은 즉시 복원하는 경우 원래대로 복원할 수 있다.

② [휴지통]에 버려진 파일들은 복원 전에도 실행할 수 있다.

③ [폴더 옵션]에서 숨김 파일을 표시할 수 있다.

④ [인쇄관리자] 창에서 사용 중인 프린터의 기본 설정을 변경할 수 있다.

⑤ 바탕 화면 구성의 테마는 [내 테마]에서 설정할 수 있다.

정답 해설 [휴지통]에 버려진 파일들은 바로 실행할 수 없으며, 원래대로 복원한 후에야 실행이 가능하다.

오답 해설 ① 삭제하여 [휴지통]에 들어간 파일도 [휴지통]을 비우기 전에는 원래대로 복원할 수 있다.

③ [폴더 옵션]에서 숨김 파일과 폴더를 표시하도록 설정할 수 있다.

④ [인쇄관리자] 창에서는 현재 사용 중인 프린터를 기본 프린터로 설정할 수 있고 프린터의 기본 설정을 변경할 수 있으며, 프린터를 공유하도록 설정할 수도 있다.

⑤ 바탕 화면 구성의 테마는 배경화면과 창 색, 소리 등을 한 번에 바꾸는 기능을 말하며, 이는 [개인 설정] 창의 윗부분에 있는 [내 테마]에서 설정할 수 있다.

04 한국토지주택공사의 사원인 갑은 아래와 같이 회사 동료들의 전화번호를 휴대전화에 저장하였다. 휴대전화의 검색 기능은 '9'를 누르면 '3592', '7992' 등이 검색되고, 'ㄱ'을 누르면 '김만희', '도근우' 등이 검색된다고 할 때, 다음 중 갑의 검색 결과에 대한 설명으로 옳지 않은 것은?

성명	부서	전화번호
김만희	품질안전본부	022387550
남수영	기획본부	01077313592
도근우	관리본부	01034395456
박지영	관리본부	028647992
박정철	그린에너지본부	01086639223
신재윤	기술본부	01079948658
유영호	발전본부	01038102069
이세철	해외사업본부	01045932785
이현민	품질안전본부	025707624
정상두	발전본부	01039127985

① '79'를 누르면 2명의 전화번호가 나온다.
② 'ㅈ'을 누르면 4명의 이름이 검색된다.
③ 'ㄷ'을 누르면 2명의 이름이 검색된다.
④ '223'을 누르면 2명의 번호가 나온다.
⑤ '영'을 입력하면 3명의 이름이 검색된다.

정답해설 '79'를 누르면 박지영, 신재윤, 정상두 3명의 전화번호가 나온다. 따라서 ①이 옳지 않다.

오답해설 ② 'ㅈ'을 누르면 박지영, 박정철, 신재윤, 정상호 4명의 이름이 검색된다.
③ 'ㄷ'을 누르면 도근우, 정상두 2명의 이름이 검색된다.
④ '223'을 누르면 김만희, 박정철 2명의 번호가 나온다.
⑤ '영'을 입력하면 남수영, 박지영, 유영호 3명의 이름이 검색된다.

[05~06] 다음 제시문을 읽고 물음에 알맞은 답을 고르시오.

[바코드 생성 방법]

- 1~3번 자리 : 국가식별코드
- 4~7번 자리 : 제조업체번호
- 8~12번 자리 : 상품품목번호
- 13번 자리＝판독검증용 기호(난수)

[국가별 바코드 번호]

국가	번호	국가	번호	국가	번호
한국	880	그리스	520	멕시코	750
일본	450~459	중국	690~695	콜롬비아	770
필리핀	480	노르웨이	700~709	싱가포르	888

[제조업체별 바코드 번호]

제조업체	번호	제조업체	번호	제조업체	번호
A	1062	B	1684	C	1182
D	1128	E	2564	F	1648
G	6185	H	8197	I	2654

[상품품목별 바코드 번호]

상품품목	번호	상품품목	번호	상품품목	번호
스낵류	64064	양념류	23598	바디케어	14589
캔디류	72434	통조림	64078	스킨케어	15489
파이류	72440	음료수	72444	메이크업	32335

05 한 수입 제품의 바코드 번호를 확인하니, '4801648724349'였다. 이에 대한 정보를 모두 옳게 연결한 것은?

	국가	제조업체	상품품목
①	일본	F	캔디류
②	일본	B	파이류
③	필리핀	F	파이류
④	필리핀	F	캔디류
⑤	멕시코	B	캔디류

정답해설 국가별 바코드 번호가 '480'이므로 필리핀에서 수입한 제품이다. 제조업체의 바코드 번호가 '1648'이므로, 'F'사가 제조업체이며 상품품목의 바코드 번호는 '72434'이므로, 캔디류이다.

06 국내의 C업체에서 생산한 음료제품의 바코드 번호로 가장 알맞은 것은?

① 8801128724445
② 8801182724404
③ 8881182724440
④ 8801128724409
⑤ 8801182724442

정답해설 한국의 C업체에서 생산한 음료제품이므로, 국가별 바코드는 '880', 제조업체의 바코드는 '1182', 음료제품의 바코드는 '72444'가 된다. 따라서 모두 일치하는 것은 ⑤이다.

오답해설 ① 제조업체의 바코드 번호가 '1128'이므로, D업체가 된다.
② 상품품목의 바코드 번호가 '72440'이므로, 파이류가 된다.
③ 국가의 바코드 번호가 '888'이므로, 싱가포르이다.
④ 제조업체가 D업체이며, 상품품목은 파이류이다.

정답 05 ④ | 06 ⑤

07 업무수행 시트 중 다음 설명에 해당하는 것으로 알맞은 것은?

- 일의 흐름을 동적으로 보여주는 데 효과적이다.
- 업무의 순서나 흐름을 그림으로 나타내는 것으로, 서로 다른 도형을 사용함으로써 업무를 구분할 수 있으며, 각 업무별 소요시간을 표시할 수 있다.

① 퍼트 차트(PERT chart)
② 갠트 차트(Gantt chart)
③ 스프레드 시트(Spread sheet)
④ 워크플로 시트(Work flow sheet)
⑤ 체크리스트(Checklist)

정답 해설 제시된 내용은 워크플로 시트(Work flow sheet)를 설명한 것이다. 일반적으로 워크플로(Work flow)는 작업 절차를 통한 정보 또는 업무의 이동을 의미하는 것으로, 작업 흐름이라고도 한다. 워크플로 시트는 워크플로 시트에 사용하는 도형을 다르게 표현함으로써 주된 작업과 부차적인 작업, 혼자 처리할 수 있는 일과 다른 사람의 협조를 필요로 하는 일, 주의해야 할 일, 컴퓨터와 같은 도구를 사용해서 할 일 등을 구분할 수 있으며, 업무별 소요시간을 표시할 수 있다는 것이 특징이다.

오답 해설 ① 퍼트(PERT, The Program/Project Evaluation and Review Technique)는 프로그램 또는 프로젝트 평가 및 재검토 기술을 말하는 것으로, 주어진 프로젝트가 얼마나 완성되었는지 분석하는 방법이라 할 수 있다. 퍼트를 통해 각각의 작업에 필요한 시간을 계산함으로써 모든 프로젝트를 끝내는 최소시간이 어느 정도인지 알 수 있다. 퍼트 차트는 여러 작업 사이의 의존성과 관계 및 흐름을 그래픽으로 표현한 것으로, 서로 의존된 작업이 아니라면 병행적으로 처리할 수 있다는 특징을 지닌다.

② 갠트 차트는 미국의 갠트(H. Gantt)가 1919년에 창안한 작업진도 도표로, 단계별로 업무를 시작해서 끝나는 데 걸리는 시간을 바(Bar) 형식으로 표시한 것을 말한다. 갠트 차트는 전체 일정을 한눈에 볼 수 있고, 단계별로 소요되는 시간과 각 업무활동 사이의 관계를 보여줄 수 있다는 것이 특징이다.

③ 스프레드 시트(Spread sheet)는 작업표에 데이터를 입력한 후 사용자가 원하는 계산 처리, 검색 및 관리, 도표 작성 등을 손쉽게 하도록 개발된 응용 프로그램으로, 각종 통계 자료를 통계표나 그래프 형태로 출력할 수도 있다.

⑤ 체크리스트(Checklist)는 업무의 각 단계를 효과적으로 수행했는지를 스스로 점검해볼 수 있는 도구로, 시간의 흐름을 표현하는 데에는 한계가 있지만, 업무를 세부적인 활동들로 나누고 각 활동별로 기대되는 수행수준을 달성했는지를 확인하는 데에는 효과적이라는 특징이 있다.

08 다음 중 직장 내에서의 성희롱에 해당하는 것을 모두 고르면?

㉠ 특정한 신체부위를 만지는 행위
㉡ 어깨를 잡고 밀착하는 행위
㉢ 음란한 농담을 하는 행위
㉣ 성적인 내용의 정보 유포 행위
㉤ 정보기기를 이용하여 음란물을 보내는 행위

① ㉠, ㉡, ㉣
② ㉠, ㉡, ㉢, ㉣
③ ㉠, ㉢, ㉣, ㉤
④ ㉠, ㉡, ㉢, ㉣, ㉤
⑤ ㉠, ㉢, ㉤

㉠ 원하지 않는 신체 접촉이나 특정한 신체부위를 만지는 행위는 모두 육체적인 성희롱에 해당한다.
㉡ 어깨를 잡거나 밀착하는 행위도 육체적 성희롱이 된다.
㉢ 음란한 농담이나 음란한 전화 통화는 모두 언어적 성희롱에 해당한다.
㉣ 성적인 내용의 정보를 유포하는 행위도 언어적 성희롱에 해당한다.
㉤ 정보기기를 이용하여 음란물을 보내는 행위는 시각적 행위로서의 성희롱이다.
따라서 모두 직장 내에서의 성희롱에 해당된다.

09 다음 중 '직업(職業)'에 대한 설명으로 옳은 것을 모두 고른 것은?

㉠ 직업(職業)의 '職'은 직분(職分)을 의미한다.
㉡ 직업(職業)의 '業'은 일 또는 행위를 의미한다.
㉢ 직업은 경제적인 보상이 있어야 한다.
㉣ 직업은 성인뿐 아니라 청소년도 할 수 있는 일이다.
㉤ 취미활동이나 아르바이트 등도 포함된다.

① ㉠, ㉡, ㉢
② ㉠, ㉡, ㉣
③ ㉠, ㉢, ㉣, ㉤
④ ㉡, ㉢, ㉣, ㉤
⑤ ㉠, ㉡, ㉢, ㉣, ㉤

정답 07 ④ | 08 ④ | 09 ①

㉠ 직업(職業)에서 '職'은 사회적 역할의 분배인 직분(職分)을 의미한다.
㉡ 직업(職業)에서 '業'은 일 또는 행위를 의미한다. 따라서 직업(職業)은 사회적으로 맡은 역할, 하늘이 맡긴 소명 등으로 해석해 볼 수 있다.
㉢ 직업은 경제적 보상을 받는 일이다.
㉣ 직업은 성인이 하는 일이다.
㉤ 직업은 경제적 보상을 받는 일이고 계속적으로 수행하는 일이며, 자기의 의사에 따라 하는 일로서 사회적 효용성이 있어야 한다. 따라서 취미활동, 아르바이트, 강제노동 등은 직업에 포함되지 않는다.
따라서 직업(職業)에 대한 올바른 설명은 ㉠, ㉡, ㉢이다.

10 **A는 팀장으로부터 신입사원에게 근면한 직장생활에 대해 알려주라는 지시를 받고, 이를 위해 몇 가지 사례를 생각해보았다. 다음의 상황 중 A가 예로 들기에 적절한 근면의 사례를 바르게 모두 묶은 것은?**

- A는 가족들의 생계를 유지하기 위해 열심히 회사를 다니고 있다.
- B는 자신의 발전과 성과 향상을 위해 철저한 자료준비와 꼼꼼한 업무처리에 힘쓴다.
- C는 하루 업무를 완료하지 못한 경우 늦게까지 야근을 해서라도 완료하려고 노력한다.
- D는 조직의 분위기와 상사의 눈치를 살펴 야근 여부를 결정한다.

① A, B
② B, C
③ A, B, D
④ B, C, D
⑤ A, B, C, D

근면을 외부로부터 강요당한 근면과 자발적인 근면으로 구분할 때, B와 C는 자발적인 근면에 해당하므로 신입사원에게 추천할 만한 사례라 할 수 있다. 이에 비해 A와 D는 생계유지를 위해서나 상사의 눈치를 살펴보고 야근을 하는 경우에 해당하므로, 외부로부터 강요당한 근면의 사례라 할 수 있다.

정답 10 ②